◆中央高校基本科研业务费专项资金资助(编号:CBZZ202204)
◆国家自然科学基金重大项目"微观大数据计量建模研究"
　(编号:71991474)
◆国家自然科学基金青年项目"'双碳'目标下碳风险传染效应
　与银行绿色信贷配置研究"(编号:72201106)
◆广东省自然科学基金面上项目"'双碳'目标下碳风险传染效应
　与银行金融稳定性研究"(编号:2023A1515010597)
◆广州金融服务创新与风险管理研究基地项目资助

社科文库

金融市场行业风险传染与资产配置
FINANCE

周骐 李仲飞 / 著

Industry Risk Contagion and Asset Allocation
in Financial Markets

中国社会科学出版社

图书在版编目（CIP）数据

金融市场行业风险传染与资产配置/周骐，李仲飞著. —北京：中国社会科学出版社，2024.1

（华南理工大学社科文库）

ISBN 978-7-5227-3087-5

Ⅰ.①金… Ⅱ.①周…②李… Ⅲ.①金融市场—金融风险防范—研究—中国 Ⅳ.①F832.5

中国国家版本馆 CIP 数据核字（2024）第 037571 号

出 版 人	赵剑英	
责任编辑	刘晓红	
责任校对	周晓东	
责任印制	戴　宽	
出　版	中国社会科学出版社	
社　址	北京鼓楼西大街甲 158 号	
邮　编	100720	
网　址	http://www.csspw.cn	
发 行 部	010-84083685	
门 市 部	010-84029450	
经　销	新华书店及其他书店	
印　刷	北京君升印刷有限公司	
装　订	廊坊市广阳区广增装订厂	
版　次	2024 年 1 月第 1 版	
印　次	2024 年 1 月第 1 次印刷	
开　本	710×1000　1/16	
印　张	10.75	
字　数	153 千字	
定　价	66.00 元	

凡购买中国社会科学出版社图书，如有质量问题请与本社营销中心联系调换
电话：010-84083683
版权所有　侵权必究

序

　　行业配置是投资组合与风险管理中承上启下的重要环节之一，无论是在股票市场、银行信贷市场还是基金市场，其重要性都不容忽视。Benjamin F. King 于 1966 年就发现了行业因素对证券市场的收益和风险具有显著影响。自此之后，行业配置在金融市场的研究成果不断丰富，学术界对行业配置的重要性认知也趋同一致。但是，无论是股票市场、银行信贷市场还是基金市场，关于行业配置的研究都忽略了行业系统的整体关联结构，导致对投资组合和风险管理缺乏更深层次的理解。近年来，随着复杂网络（Complex Network）理论及其应用研究的不断拓展，金融市场的研究也逐渐引入了该方法。金融市场本身就是一个复杂系统，复杂网络方法的引入使得我们可以对投资组合和风险管理的研究进一步深入。但是，不同的金融市场具有不同的市场特征，行业关联特征和风险特征也不尽相同，这就需要我们通过构建不同的行业关联网络，选择不同的复杂网络指标去度量风险和构造投资组合。本书正是在此背景和过往研究的基础上，重点对复杂网络方法在股票市场、银行信贷市场和基金市场的行业配置与风险管理问题中的应用展开研究。

　　首先，研究了复杂网络视角下股票市场行业配置与风险管理问题。行业指数直接反映了行业股票的繁荣兴衰。本书研究为股票市场资产配置的研究提供了新视角，拓展了 BL 模型的交叉应用边界，补充了复杂网络方法在投资组合与风险管理中的应用。

　　其次，研究了复杂网络视角下银行信贷市场行业配置与风险管理问题。股票市场中的行业配置侧重行业间风险与收益的关系研究，而银行信贷市场中的行业配置除了需要考虑风险与收益的关系，还需考虑信贷市场中的不良贷款率和贷款配置效率等信贷评级指标。本书中所构建的 C-I-HHI 指标在保留传统 HHI 指数性质的基础上，不仅说明了 Min-C 模型的稳定性，还为银行信贷配置是集中化还是多元化更优的争论提供了新的分析思路。

最后，研究了复杂网络视角下基金市场行业配置与风险管理问题。基金市场行业配置问题则是股票市场行业配置的进一步应用，每一只基金的投资组合都有不同的行业配置（此时和股票市场的行业配置相一致），投资者根据基金的行业配置特点，选择一个最优的基金组合。本书的研究结果亦可为 FOF 投资策略的研究提供参考。

周骐　李仲飞
2022 年 12 月

目　录

第一章　绪论 …………………………………………………… 1
　　第一节　研究背景和意义 ………………………………… 1
　　第二节　研究方法 ………………………………………… 6
　　第三节　结构安排 ………………………………………… 10

第二章　文献回顾与评述 ……………………………………… 14
　　第一节　股票市场行业配置与风险管理的研究 ………… 14
　　第二节　银行信贷市场行业配置与风险管理的研究 …… 20
　　第三节　基金市场行业配置与风险管理的研究 ………… 24
　　第四节　复杂网络方法的研究 …………………………… 28

第三章　复杂网络视角下股票市场行业配置与风险管理 …… 32
　　第一节　研究问题 ………………………………………… 32
　　第二节　模型构建 ………………………………………… 35
　　第三节　实证分析Ⅰ：行业因子检验 …………………… 41
　　第四节　实证分析Ⅱ：特征向量中心度与 BL 模型最优投资
　　　　　　组合权重关系 …………………………………… 43
　　第五节　实证分析Ⅲ：BL+Network 行业配置模型 ……… 53
　　第六节　稳健性检验 ……………………………………… 60
　　第七节　本章小结 ………………………………………… 64

第四章　复杂网络视角下信贷市场行业配置与风险管理 …… 66

- 第一节　研究问题 …… 66
- 第二节　模型构建 …… 68
- 第三节　实证分析Ⅰ：行业聚类风险分析 …… 77
- 第四节　实证分析Ⅱ：Min-C 模型实证分析 …… 83
- 第五节　实证分析Ⅲ：C-I-HHI 指数构建 …… 94
- 第六节　稳健性检验 …… 97
- 第七节　本章小结 …… 100

第五章　复杂网络视角下基金市场行业配置与风险管理 …… 102

- 第一节　研究问题 …… 102
- 第二节　模型构建 …… 105
- 第三节　数据和基本指标构建 …… 112
- 第四节　实证分析Ⅰ：中国基金市场行业配置集中度 …… 114
- 第五节　实证分析Ⅱ：基金业绩与基金市场行业配置集中度 …… 117
- 第六节　实证分析Ⅲ：基金筛选策略研究 …… 125
- 第七节　本章小结 …… 131

第六章　总结与研究展望 …… 133

- 第一节　总结 …… 133
- 第二节　本书的局限性和进一步研究方向 …… 136

附录 …… 138

参考文献 …… 148

第一章

绪 论

第一节 研究背景和意义

行业配置（Industry Allocation）是投资组合与风险管理中承上启下的重要环节之一，与规模配置、风格配置和国家（区域）配置共同组成了战术资产配置（Tactical Asset Allocation，TAA）的重要内容。战术资产配置主要是在确定大类资产配置比例的基础上，根据中短期内各特定资产类别的表现，对投资组合中各特定资产类别的权重进行调整。与战术资产配置相对应的是战略资产配置（Strategic Asset Allocation，SAA），主要根据投资者的风险承受能力，制定出反映投资者长期投资目标和策略的最佳长期资产组合结构。战略资产配置和战术资产配置的关系就如同著作 *The Investor's Guide to Active Asset Allocation* 中对人们穿衣的比喻。季节上，广州人和北京人都需要过冬天，二者都需要根据冬天的温度和个人抗寒能力去购置冬衣，此过程就是战略选择。到了最冷的寒冬，二者都会穿上各自最保暖的衣服，只不过，北京人会选择穿很厚的羽绒服和毛衣，而广州人此时会选择穿上夹克和薄毛衣，此过程就是战术选择。这个比喻形象地描述了战略和战术资产配置的区别。

本书的研究聚焦于战术资产配置中的行业配置。行业（Industry）是指从事国民经济中同性质的生产、服务或其他经济活动的部门[①]。任何国家的国民经济均是由不同的行业类别组成，在国家经济发展的不同时期，各个行业受宏观经济因素影响和自身行业特点的不同，必将呈现出互相关联但又不尽相同的发展态势。这种不平衡的发展态势使不同的行业在当前时期和未来一段时间内表现出不同的行业收益水平和行业发展风险，收益和风险的背后更是错综复杂的行业关联关系。在金融市场，行业更是连接微观金融机构和宏观经济的重要研究对象。行业分析对于投资组合的确定和风险管理的效率都具有极其重要的价值。但是在不同的金融市场，例如股票市场、银行信贷市场和基金市场，行业之间的关联关系具有很强的异质性，行业风险的传染以及基于行业关联关系的投资组合问题都需要考虑这种异质性特征。本书主要运用复杂网络方法研究不同金融市场的行业配置与风险管理问题，基于上述异质性特征的存在，在不同的金融市场，我们通过构建不同的行业关联网络，选择不同的复杂网络指标去度量风险和构造投资组合。之所以选择股票市场、银行信贷市场和基金市场作为行业配置与风险管理的研究对象，主要有三个原因：第一，股票市场、银行信贷市场和基金市场的行业配置问题较为突出，而其他金融市场，例如债券市场和保险市场较少涉及行业配置的相关问题，文献综述部分将会详细分析。第二，本书的研究聚焦于投资组合和风险管理，股票市场、银行信贷市场和基金市场的投资者参与度高，研究意义较大。第三，股票市场、银行信贷市场和基金市场的研究涉及全行业的配置问题，而其他金融市场，例如外汇市场、黄金市场、储蓄市场和融资租赁市场只涉及部分关联行业，复杂网络方法的应用程度不高。

股票市场中的行业配置和风险管理问题。King（1966）是最先发现行业因素对股票收益率具有显著影响。Roll（1992）更是进一步证明了这一结论，使用24个国家的日股票价格数据研究发现股票

---

① 定义来源：维基百科。

收益率波动的 40% 可以被行业效应所解释。除了收益以外，不同行业的风险度量标准也存在差异（Reilly and Drzycimski, 1974）。行业因子为什么可以解释股票超额收益率，其理论基础是认为证券收益决定于企业价值，而企业价值受宏观经济因素的影响，尤其是行业因素。投资者在把握宏观经济的走向后，可以通过行业配置进行风险规避，获取超额收益（Kavussanos et al., 2002）。关于股票市场的行业配置的方法，基于行业收益预测的均值—方差模型（Beller et al., 1998）、向量自回归（VAR）模型（Ewing, 2002）、卡尔曼滤波算法（He and Kryzanowski, 2008）以及 BL 模型（Black and Litterman, 1992）都得到了很好的应用。

银行信贷市场中的行业配置和风险管理问题。传统的银行信贷资金配置效率的研究主要认为银行应该将资金配置到边际效用较大、对国家发展和社会贡献较大的企业（Wurgle, 2001；中国人民银行营业管理部课题组, 2005），或者是能提高银行贷款收益率，降低不良贷款率的企业（Dell'Ariccia and Marquez, 2004；李卫东等, 2010）。在此过程中，行业配置对银行信贷起到了初步把关、风险控制的作用，甚至一个行业的国有经济占比都成为影响银行信贷的重要因素。2019 年习近平总书记在中共中央政治局集体学习时强调，要深化金融供给侧结构性改革，增强金融服务实体经济能力。银行业对实体经济的服务主要体现在控制风险的前提下为各行业的发展提供正常的信贷资金，充分体现了行业配置在银行信贷配置中的重要性。关于银行信贷市场的行业配置的方法，目前中国的银行信贷配置多数依赖银行自有的历史信贷数据进行简单的总结和定性分析，多为"行业配置+公司信用评级+审批"配置思路。通过实地调研我们发现，目前银行风控部门将工作重点放在了具体公司的信用评级上，对于行业信贷比例的确定，主要以定性分析为主，量化分析方法使用较少，但是银行相关部门表示，行业风险的量化分析将是未来的发展趋势。

基金市场中的行业配置和风险管理问题。本章所研究的基金市

◆ 金融市场行业风险传染与资产配置

场行业配置的投资组合与风险管理问题与上文提到的股票市场中行业配置问题是两个不同的概念。每一只具体的基金都有其行业配置的风格，不仅是行业配置集中化程度不同，对行业选择也有具体偏好。本章所考虑的基金市场行业配置问题，正是基于现有基金的行业配置特征去构造基金组合，而不是指导某一只具体的基金进行行业配置。首先，从基金收益层面，历史研究发现行业配置集中度越高的基金，基金绩效表现越好（Kacperczyk et al., 2005）。此外，研究显示行业选择占基金业绩归因的1/3以上，而且行业选择能力具有更强的可持续性（Busse and Tong, 2012）。其次，从基金经理行业配置的行为层面，基金经理的投资组合存在显著的行业层面的羊群效应。这样的羊群效应不仅仅存在于中国基金市场（Lee et al., 2013），美国基金市场（Demirer and Zhang, 2019）、西班牙基金市场（Gavriilidis et al., 2013）均存在。

总体而言，股票市场中的行业配置侧重于行业间风险与收益的关系研究，而银行信贷市场中的行业配置除了需要考虑行业间风险与收益的关系，还需考虑信贷市场中的不良贷款率和贷款配置效率的因素。股票市场中的行业配置的目标较为直接，比如最大化夏普比率。而信贷市场的行业配置的目标较为复杂，除了风险和收益的基本考量，还要综合政策倾斜、国家发展需要和银行自身特点等因素。基金市场行业配置的投资组合问题则是股票市场的行业配置的进一步应用，每一只基金都有不同的行业配置（此时和股票市场的行业配置相一致），然后投资者根据不同基金的不同行业配置，配置一个最优的基金组合。在基金市场和银行信贷市场中，聚类风险均是主要风险来源之一（李华姣等，2014；Schwaab et al., 2017）。无论在股票市场、信贷市场还是基金市场，行业配置在投资组合与风险管理中的重要性主要体现在以下三个方面：

第一，跳过行业配置直接进行个股、企业或基金筛选的数据分析和筛选的难度较大，目标不够明确。无论是股票市场、银行信贷市场还是基金市场，企业或个股的数量均数以千计，而行业配置，

第一章 绪 论

根据不同的行业分类级别，最多也仅有百余个配置标的。行业配置相较于企业、个股筛选具有方向性指导意义。

第二，行业经济是经济分析对象的重要组成部分之一。通过行业之间的关联分析，可以寻找行业的个体特征和关联特征，从而分析行业发展的风险和收益。尤其是当金融市场面临宏观经济风险时，分析不同的行业之间的风险承担水平，以及风险在不同行业之间的传染情况，可以更好地提出相应的风险分散方案。

第三，个股或企业所处行业对该个体的收益和风险有着重要影响。行业配置的过程中可以判定一个行业在当前或者未来一段时间内的发展前景以及所处整个行业系统中的地位，宏观经济通过对不同行业的影响，进而影响更为微观的企业或个股。我们便可以此为依据，为最终的个股、企业或基金的选择提供相应的行业背景。

基于复杂网络的视角，本书对股票市场、银行信贷市场和基金市场的行业配置风险进行了分析，并进行上述市场的投资组合研究，得到风险配置策略。具体而言，本书对以下重要内容进行了研究：

第一，在股票市场中，构建了基于行业指数的相关系数网络，并用最小生成树算法剥离出完全网络[①]的核心骨架；建立和证明了 Black-Litterman（BL）模型的行业最优投资组合权重与复杂网络特征向量中心度的数学关系，为 BL 模型和复杂网络之间寻找到了联系的介质；提出了 BL+Network 行业配置模型，它综合考虑行业间的整体关联风险，并在实证分析中与其他传统行业配置模型进行对比分析。

第二，在银行信贷市场中，构建了基于行业指数的广义方差分解网络，在此基础上提出了行业聚类风险的概念，识别了四种行业聚类风险类型（循环型、中介型、吸收型、扩散型），细化了风险传染过程，分析了四种聚类风险的动态变化趋势；结合聚类风险类

---

① 每对不同的节点都有边相连，这样的节点和边所形成的网络称为完全网络。

型提出了银行信贷配置（分行业）的 Min-C（最小聚类风险）模型，通过网络方法为银行的信贷业务提供了量化解决思路；结合网络聚类风险指标和赫芬达尔指数，构建了银行信贷配置集中化程度的新的度量指标 C-I-HHI（Clustering-Industry-HHI）。

第三，在基金市场中，构建了基于基金持仓数据的行业配置距离网络，基于银行信贷市场中的聚类风险指标，提出了中国基金市场的行业配置聚类程度指标（K），以及基金经理努力程度度量指标：基金经理行业配置聚类程度（IK）。结合基金业绩、基金规模和行业规模等变量，提出基金经理和投资者的优化问题，并推导出均衡策略下基金市场行业配置聚类程度、基金经理努力程度与基金收益的数量关系；运用递归估计（Recursive Demeaning Estimator）方法对理论结果进行实证分析；在理论推导和实证分析的基础上，提出了一个基于基金经理努力程度指标的基金筛选策略，完善了"理论+实证+策略"的投资组合分析框架。

第二节 研究方法

复杂网络方法在自然科学、工程技术和管理科学等领域均有很成熟的应用，主要刻画上述领域内相互关联的复杂动力学关系。人文社科领域中复杂网络方法的应用仍然不够广泛和深入，目前主要集中在社会网络层面。复杂网络方法在投资组合和风险管理方向的应用更是少之又少。但是，金融系统本身就是一个典型的、复杂的、关联的系统，因此从系统特征角度，复杂网络方法在金融市场应该具有很大的应用场景。复杂网络主要以数学、统计物理学、图论和计算机等科学为分析工具，以复杂关联系统为研究对象。复杂网络方法本身就是近年来发展迅速的一门交叉学科，*Nature* 和 *Science* 等顶级期刊经常可以见其身影（Watts and Strogatz, 1998; Barabasi and Albert, 1999）。综上所述，复杂网络方法在投资组合与

第一章
绪 论

风险管理中的应用,可以说是交叉学科方法应用边界的进一步拓展。然而,略显遗憾的是,到目前为止,复杂网络没有一个标准的、统一的定义。钱学森曾经给出了一个描述性的定义:具有自组织、自相似、吸引子、小世界①中部分或全部性质的网络称为复杂网络(孙玺菁和司守奎,2015)。

复杂网络方法中,最重要的便是图的概念。一个图是由点集 $V=\{v_i\}$ 和 V 中的元素配对的一个集合 $E=\{e_j\}$ 所构成的二元组,记为 $G=(V, E)$,V 中的元素 v_i 称为节点,E 中的元素 e_j 称为边。若 V 中元素的配对为无序配对,则该图为无向图。若 V 中元素的配对为有序配对,则该图为有向图。

图 $G=(V, E)$,其边 (v_{i1}, v_{i2}) 有权重 $\omega_{i1,i2}$,构造矩阵 $A=(a_{i1,i2})$,其中

$$a_{i1,i2}=\begin{cases}\omega_{i1,i2}, & (v_{i1}, v_{i2})\in E,\\ 0, & 其他\end{cases} \quad (1-1)$$

称矩阵 A 为加权图 G 的邻接矩阵。

一般情况下,一个图对应一个网络,根据图的分类和邻接矩阵的构造,复杂网络可分为有向加权网络、有向无权网络、无向加权网络、无向无权网络。复杂网络结构在统计性质上具有很多概念和计算指标,其中包含三个基本的概念:节点的度、平均路径长度和聚类系数。

(1) 节点的度。节点 v_i 的度 k_i 定义为与该节点连接的边数。从网络图来看,一个节点的度越大,这个节点在某种程度上就越重要。但是节点的度只是度量节点重要程度的指标之一,除此之外,还有特征向量中心度、介数中心度等,在此不详细介绍。

网络中所有节点 v_i 的度 k_i 的平均值称为网络的平均度,记为

---

① 小世界特性:大多数网络尽管规模很大,但任意两个节点间却有一条相当短的路径;无标度特性:节点的度分布具有幂指数函数的规律,无标度特性反映了网络中度分布的不均匀性,只有很少数的节点与其他节点有很多的连接,成为"中心节点",而大多数节点度很小。

$<k>$，即

$$<k>=\frac{1}{N}\sum_{i=1}^{N}k_i \qquad (1-2)$$

无向无权网络的邻接矩阵 A 与节点 v_i 的度 k_i 的函数关系很容易用公式表示，邻接矩阵二次幂（A^2）的对角线元素 $(A^2)_{ii}$ 就等于节点 v_i 的度，即

$$k_i=(A^2)_{ii} \qquad (1-3)$$

（2）平均路径长度。复杂网络中两个节点 $i1$ 和 $i2$ 之间的距离 $d_{i1,i2}$ 定义为连接这两个节点的最短路径上的边数。网络中任意两个节点之间的距离的最大值称为网络的直径，记为 D，即

$$D=\max_{1\leq i1<i2\leq N}d_{i1,i2} \qquad (1-4)$$

其中 N 为网络节点数。

网络的平均路径长度 L 则定义为任意两个节点之间距离的平均值，即

$$L=\frac{1}{C_N^2}\sum_{1\leq i1<i2\leq N}d_{i1,i2} \qquad (1-5)$$

（3）聚类系数。在你的朋友关系网络中，你的两个朋友很可能彼此也是朋友，这种属性在复杂网络理论中称为网络的聚类属性。一般地，我们假设网络中的一个节点 v_i 有 k_i 条边将它和其他节点相连。显然，在这 k_i 个节点之间最多可能有 $C_{k_i}^2$ 条边。那么，节点 v_i 的 k_i 个邻居节点之间实际存在的边数 E_i 和总的可能的边数 $C_{k_i}^2$ 之比就定义为节点 v_i 的聚类系数 C_i，即

$$C_i=\frac{E_i}{C_{k_i}^2} \qquad (1-6)$$

具体到本书的研究，我们运用复杂网络中的特征向量中心度度量股票市场行业配置风险，运用复杂网络中聚类系数度量银行市场信贷风险和基金市场投资组合风险。

股票市场的研究中，我们选取特征向量中心度作为中心性度量主要有两点考虑：第一，理论上，收益率的协方差矩阵可以由矩阵

第一章 绪 论

中的特征分解（谱分解）分解为相关系数矩阵的特征值和特征向量的乘积形式，而特征向量中心度就是由特征向量计算得来的。因此，特征向量中心度本质上与经典投资组合在思想上是一致的。第二，实证上，在分析行业关联特征时，行业的中心性的度量与该行业的上下游行业有重要关系，且对上下游行业的影响权重不同，而特征向量中心度可以捕捉这一特点。若采用其他中心性度量，则没有第三章第二节的理论结果，因为介数中心性、度中心性、近邻中心性等在数学定义上和投资组合的方差风险没有数学关系。此外，度中心性仅仅考虑了行业关联的个数，对于不同的关联行业，影响权重完全一样，缺乏异质性考虑。介性中心性以经过某个节点的最短路径数目来刻画节点重要性，但是在行业关联分析中，我们需要考虑完整的行业关联路径。近邻中心性主要度量行业节点到网络中其他节点距离的远近，虽然可以度量行业风险传染的速度，但是忽略了其他最短路径。

银行信贷市场的研究中，我们选取聚类系数作为信贷风险的度量。聚类系数刻画的是一个节点的邻居节点之间相互连接的程度。本章中运用聚类系数度量聚类风险，表示一个行业的邻居节点之间的经济关联程度，聚类风险越大，则表示这些节点之间倾向于群体结构特征，行业之间的经济联系也就越大，更容易造成风险在这些行业之间进行传染。关于用聚类系数度量银行风险的理论基础，巴曙松和金玲玲（2014）在《巴塞尔资本协议Ⅲ的实施——基于金融结构的视角》的研究中也提到"聚类系数刻画了金融网络的结构特征，聚类系数越大，则金融网络越倾向于群体结构特征"。此外，中国人民银行发布的 2020 年第 2 号工作论文《系统性金融风险溢出效应研究》指出："在信用风险冲击下，金融网络聚类系数将大幅攀升、平均路径长度缩小，金融系统网络的小世界特征凸显。" Schwaab 等（2017）的研究也表明发生信贷违约风险的行业存在一定的聚类现象。基于上述文献的支撑，聚类系数这一指标对于银行信贷风险的度量具有一定的理论应用价值。

基金市场研究中，网络的构建不如股票市场和银行信贷市场直观，我们首先要基于基金持仓数据构建行业配置距离网络，其次在银行信贷市场中聚类风险指标的基础上，提出了基金经理努力程度度量指标。复杂网络方法在基金市场的应用也是大势所趋，截至2020年12月底，我国开放式基金的数量6770只，封闭式基金的数量1143只。同期，中国股票市场的全部A股数量也仅仅只有4312只。由此可以看出，我国基金市场已形成了规模庞大的系统，此外，由于股票型和偏股型基金持有的均是股票市场中的各上市公司股票，基金与基金之前存在着错综复杂的交叉关系。复杂网络方法的引入便于梳理上述复杂的交叉关系，同时对于数量庞大的基金系统运用复杂网络中的统计指标进行分析有利于寻找传统方法无法发现的客观规律。复杂网络方法在基金市场中的应用也日趋成熟，Hoberg等（2018）运用复杂网络方法得到任意两个基金之间竞争程度的度量指标，并提出了一种基于基金投资风格来识别基金竞争对手的方法。Rossi等（2018）运用基金市场的委托代理关系构建网络，并得出网络中心性与风险调整绩效之间存在正相关关系的结论。

第三节　结构安排

本书的研究内容主要有三个部分：第一部分研究复杂网络视角下股票市场行业配置与风险管理。第二部分研究复杂网络视角下银行信贷市场行业配置与风险管理，在股票市场的研究基础上考察了银行信贷市场行业风险的异质性。第三部分研究复杂网络视角下基金市场行业配置与风险管理，在股票市场的研究基础上筛选基金组合，并且运用银行信贷市场中的聚类风险指标度量基金经理的努力程度。具体而言，本书的研究从以下六个章节展开。

第一章为绪论。介绍本书研究问题的研究背景和研究意义，然

第一章
绪 论

后简单介绍研究方法和研究的创新之处，最后介绍本书的结构安排。

第二章为文献回顾与评述。简要回顾了金融市场行业配置、复杂网络方法在金融市场中应用的两方面文献；基于复杂网络视角分别从投资组合和风险管理两方面对股票市场、信贷市场和基金市场的文献进行了梳理和评述。对银行信贷市场的研究视角文献进行了对比分析。对国内外复杂网络方法在金融市场中的应用研究进行了对比分析。

第三章为复杂网络视角下股票市场行业配置与风险管理。本章以股票市场行业类别为节点，行业指数的相关系数为边，构建了股票市场行业无向加权网络，在BL模型的基础上，将复杂网络方法应用到证券投资中的行业配置。首先，从理论模型的角度寻找并证明BL模型最优投资组合权重与网络特征向量中心度的数学关系。其次，以Fama-Frech的三因子模型为基准模型，检验行业因子在模型中的表现是否显著。再次，运用最小生成树算法对行业相关网络进行简化，剔除冗余信息，继而从实证分析的角度检验特征向量中心度与BL模型最优投资组合权重关系。最后，结合理论模型和实证结果提出BL+Network行业配置模型，并进行稳健性检验。

第四章为复杂网络视角下信贷市场行业配置与风险管理。股票市场中的行业配置侧重行业间风险与收益的关系研究，而银行信贷市场中的行业配置除了需要考虑风险与收益的关系，还需考虑信贷市场中的不良贷款率和贷款配置效率等信贷评级指标。本章以行业类别为节点，行业指数之间风险溢出关系为边，构建了行业间风险传染的有向加权网络。首先，运用广义方差分解法构建了行业指数收益率溢出效应矩阵与行业关联有向加权网络。其次，基于网络聚类系数提出了四种类型聚类风险。再次，根据聚类风险的具体特征和均值—方差模型的思想提出了均值约束条件下的Min-C模型，分析银行信贷的行业配置策略。最后，通过实证分析对比Min-C模型下的最优策略、传统的Naïve（等权1/N，以下简称1/N）策略，

◆ 金融市场行业风险传染与资产配置

Min-V 模型和 Min-CVaR 模型下的最优策略在样本外的不良贷款率和贷款收益率以及实际的城市商业银行、农村商业银行和外资银行的平均不良贷款率。

　　第五章为复杂网络视角下基金市场行业配置与风险管理。基金市场行业配置的投资组合问题则是股票市场的行业配置的进一步应用。本章以股票型和偏股型基金为节点，以基金投资组合中的行业配置距离为边，构建了基金市场行业配置的无向加权网络，结合银行信贷网络中的聚类风险指标研究了基金经理行业配置聚类程度与基金业绩的关系，并提出了基金筛选策略。首先，以 Feldman 等（2020）构建的美国主动型管理基金市场模型为基础，提出符合我国金融市场的基金经理和投资者的优化问题，并推导出均衡策略下的重要性质。其次，基于行业配置聚类网络构造了适合度量中国基金市场的行业配置聚类程度指标，量化了基金经理努力程度。再次运用递归估计方法，对理论模型推导出的基金市场行业配置聚类程度和基金经理努力程度与基金收益的数量关系进行实证分析。最后，在理论推导和实证分析的基础上，提出了一个"理论+实证+策略"的投资策略：基于基金经理努力程度的基金筛选策略。

　　第六章为总结与研究展望。总结本书的主要研究结论，分析本书研究的局限性以及未来进一步研究的拓展方向。

　　股票市场的行业配置问题，主要侧重于行业收益和行业间的关联风险，优化问题结构较为单一，比如最大化夏普比率或最小化风险。故在复杂网络方法的选择上，以行业指数为节点，行业指数相关系数为边，运用无向加权无环图方法构建了行业指数的相关系数网络。但是股票市场的行业配置问题是信贷市场和基金市场的研究基础，信贷市场中行业前景的分析可以通过股票市场的行业指数来判断，而基金市场中每一只股票型基金均对应股票市场中的一个行业配置结果。

　　银行信贷市场中的行业配置除了需要考虑行业收益和行业间的关联风险外，还需考虑信贷市场中的不良贷款率和贷款配置效率的因素，此外，还要综合政策倾斜、国家发展需要和银行自身特点等因素。优化问题结构较股票市场复杂。故在复杂网络方法的选择上，以行业指数为节点，行业指数之间向量自回归模型的残差的方差分解为边，运用有向加权无环图方法，构建了基于行业指数的广义方差分解网络。此外，在网络指标的选择上，不同于股票市场，直接选取特征向量中心度作为行业中心度的度量，而是选择了适合度量信贷市场的聚类系数指标度量聚类风险，且进一步区分行业风险传染类型（循环型、中介型、吸收型、扩散型），细化了风险传染过程。

基金市场行业配置的投资组合问题则是股票市场的行业配置的进一步应用，每一只基金都有不同的行业配置（此时和股票市场的行业配置相一致），投资者根据不同基金的不同行业配置特点，选择一个最优的基金组合。在此过程中，基金组合选择的优化问题结构同股票市场行业配置一样较为单一，但是由于标的资产不是单个行业或者行业指数，而是已经具有投资组合特点的基金，所以基金市场行业配置的难点在于对单个基金和整个基金市场的关联风险分析。故在复杂网络方法的选择上，没有直接选取行业指数为节点（否则类似于股票市场的行业配置问题），而是以基金为节点，基金之间的行业配置关系为边，运用有向加权无环图方法，构建了基于基金持仓数据的行业配置距离网络。在银行信贷市场中聚类风险指标的基础上，提出了基金经理努力程度度量指标：基金经理行业配置聚类程度（IK），并以此为依据进行基金筛选。

第二章

文献回顾与评述

本章分别对股票市场、银行信贷市场和基金市场的行业配置与风险管理的文献进行回顾和评述。此外，本章对复杂网络方法在金融市场中应用的中英文文献从网络结构、网络特征和网络投资三个视角进行了对比分析。

第一节 股票市场行业配置与风险管理的研究

股票市场行业配置与风险管理问题的研究主要围绕行业因子对于解释股票收益是否有效，以及如何进行行业配置展开。股票市场行业配置的目标还是获取超额收益或者最大化夏普比率，更多的是一种结果导向。关于行业风险的研究主要集中于行业风险特征与局部关联特征的研究。

一 行业配置是否有效

行业因子对股票超额收益的影响并不是自始至终就有，Meyerers（1973）的研究结果表明行业因子虽然对股票收益有一定的解释力，但是并不是重要的影响因素。Heston 和 Rouwenhorst（1994）研究了行业结构对国家指数收益横截面波动的影响，发现行业结构对国家指数收益波动率的横向差异解释力度有限，一个行业内的国家间多样化比一个国家内的行业多样化能更有效地分散风险。以往关于行业因素和国家因素对股票收益影响程度的研究中，确实普遍认为国家因素主导行业因素。但是 Cavaglia 等（2000）研究发现，在过去5年里，股票市场行业的多元化比国家多元化更能降低风险，并且行业因子的重要性在持续增长。这对于全球股票投资组合的投资者来说，行业配置是一个越来越重要的考虑因素。这个现象在中国证券市场也得到了验证，范龙振和王海涛（2004）研究发现，中国股票市场具有明显的行业和地区效应，并且行业效应大于地区效应。彭艳和张维（2003）也证明了分行业板块投资的策略在中国是可行的。Mansourfar 等（2017）发现东南亚的股票市场同样存在行业效应，能够显著地解释股票的超额收益。Cavaglia 等（2001）研究了不同区域部门的风格轮换风险模型，结果同样发现行业因子是证券回报的重要影响因素。紧接着，Cavaglia 和 Moroz（2002）又构建了一个跨行业、跨国家的股票投资组合框架，用来进行全球市场的股票投资决策。文章提出了一种预测方法来预测22个发达国家各股票市场的行业相对表现，并证明混合风格信号可以有效地预测股票收益率。Campa 和 Fernandes（2006）研究了国际投资组合中国家和行业因素对收益率的影响。研究发现，国家因素在样本期内保持相对稳定，而行业因素在过去十年中显著增加，但是自2000年以来开始有所下降。文章解释说，一个行业内更高的国际金融一体化增加了行业因素在解释收益率方面的重要性。

除行业因素和国家（地区）因素的讨论之外，还有很多关于行业配置影响因素的研究。Forbes 等（2006）探讨了分析师的盈利预测是否会改变行业配置的有效性，研究发现分析师的盈利预测对个股收益率的解释是有效的。然而，当研究从个股层面转移行业层面时，异常收益就消失了。韩立岩等（2003）从行业市盈率角度研究了投资组合增长的行业走向，但是结果却发现行业市盈率与行业投资增长并无显著关系。Bernanke 和 Kuttner（2005）分析了货币政策对股票价格的影响，发现若联邦基础利率突然下调25个基点，会导致行业指数平均上涨约 1%。此外，未预期的货币政策对预期超额收益的影响最大。Hong 等（2007）研究了行业投资组合的收益是否能预测股票市场的走势，发现股票市场对行业收益中包含的有关基本面信息的反应是滞后的，而且这些信息在各个市场中只能逐渐扩散。Conover 等（2008）研究了货币政策对于行业风格轮换策略的影响，发现行业风格轮换策略在美联储放松政策期间需要更加重视周期性股票，在美联储收紧政策期间则需要增持防御性股票。此外，文章还发现，风格轮换策略的收益主要集中在股票市场表现较差的时期。Bessler 和 Wolff（2017）的研究表明，相较行业指数的历史数据，基本面指标、宏观指标和技术指标更加能够预测行业指数的收益率。Bahmani 等（2020）研究了黄金、白银、石油和 10 年期国债价格对于不同行业收益的影响。

综上所述，行业配置有效的结论在 2000 年以后的研究中慢慢趋同一致。对行业配置影响因素的研究中，宏观经济政策以及行业风格轮动的研究占比较大。

二 行业特征与局部关联特征

股票市场中行业特征具有很强的异质性，不同行业在面临不同风险的时候，受到的影响程度是完全不同的。例如，2020 年年初暴发的新冠疫情，对股票市场中的餐饮业和运输业影响相对较大（Li 等，2021）。Filbeck 等（2016）研究了汽车行业中供应链中断风险的传染效应。此外，行业特征受经济周期的影响较为严重。Eleswarapu 和 Tiwari（1996）研究发现，零售行业、原材料行业、服装行业、石油行业和消费品行业的投资组合收益对未来市场收益具有显著的信息表达优势，而且这样的特征具有周期性，但是这些信息并不包括在市场指数中。Kavussanos 和 Marcoulis（1997）比较分析美国股票市场中的水路运输行业和其他运输行业（如航空运输、铁路运输）与电力行业、天然气行业、房地产行业之间的风险关联，研究发现只有水路运输行业的系统风险低于市场风险。Bernanke 和 Kuttner（2005）研究发现信息科技和通信技术行业对国家政策的信息发布最为敏感，能源产业和公共卫生事业行业对政策的信息发布最不敏感。Hong等（2007）研究发现在美国，包括零售服务业、商业地产、金属和石油在内的行业收益率对股票市场的预测最多可达两个月。Young和Marais（2012）研究行业特征对企业社会责任的影响，并对以国家为主导的市场经济（SLMEs）和自由市场经济（LMEs）的高风险行业和低风险行业的行业特征进行了比较。此外，影响股票收益的微观因素也因行业发展程度而异。Hou和Robinson（2006）研究了股票市场中不同行业集中度与股票收益之间的关系，发现在控制了规模、账面市值比、动量和其他风险因子之后，行业集中度越高的行业，股票收益率越低。

关于行业局部关联特征的研究。Chiu等（2015）运用行业出现极端亏损的次数提出了一种新的尾部风险度量方法，采用2001年至2011年美国经济市场行业部门数据进行实证分析。研究发现，特定行业的尾部风险与其债务融资金额呈正相关，与其估值和投资呈负相关。实证还表明，行业竞争程度越高，金融业的尾部风险溢出效应越强。Laux等（1998）研究发现，当行业内的某一公司股息大幅调整时，该行业竞争对手的股价也会出现反应，并且行业内竞争效应会抵消一部分行业间的风险传染效应。Tai（2006）测试了传染是否会发生在行业层面，文章将行业风险传染定义为在考虑了经济基本面或系统风险后，行业之间的风险溢出和风险溢入效应。研究发现，行业风险在全球存在很强的传染效应，将行业风险纳入条件跨期资本资产定价模型（ICAPM）十分必要。Chunxia等（2016）运用转移熵方法对股票市场行业交易信息进行分析，并进行风险度量。研究发现，金融行业总是有巨大的产出转移熵，即风险溢出效应，2007年4月12日，风险传染到了能源、原材料行业，继而又传染到电信、日常消费、公共设施和医疗保健行业，最终，金融危机席卷了所有行业。此外，文章还发现行业之间的相关性交易是危机传播的根本原因。Liu等（2019）运用格兰杰因果检验，构建了不同时间窗口波动风险的行业间因果关系网络。研究发现，尽管短期时间窗口受到其他因素干扰，但在不同时间窗口上，最具影响力的行业是相似的，主要是综合行业、金融行业和计算机等新兴行业。Li 等（2021）研究了突发公共卫生事件下，中国股票市场的行业风险传染问题，并根据不同的行业关联结构分析行业风险传染的范围。

历史文献主要对单个行业特征和局部行业关联特征进行了研究，没有考虑整个行业系统的复杂关联特征。研究方法上主要是运用时间序列分析方法，具有一定的局限性。

三　行业配置策略

运筹学中的多目标优化问题是早期进行行业配置策略的重要方法之一。Ishikawa 等（1977）构建了一个多部门、多区域、多目标的优化模型来解决行业配置问题。此外，文章提出了一种新的高效的交互式搜索算法来求解多目标模型。随着马科维茨打开了投资组合的大门，均值—方差模型慢慢成为行业配置的主要方法，后来发展到因子模型，尤其是动量因子的出现，在行业配置中具有举足轻重的地位。Moskowitz 和 Grinblatt（1999）研究发现在股票市场中，当我们使用动量交易策略时，一旦控制了行业动量，利润就会明显下降。相较之下，行业动量投资策略，即从过去盈利的行业买进股票，从过去亏损的行业卖出股票，即使在控制了规模、账面市值、个股动量、平均回报的横截面分散以及潜在的微观结构影响之后，也会获得超额收益。Jegadeesh 和 Titman（1993）研究了动量交易策略是否会获得超额回报率，即买入过去表现良好的股票而卖出过去表现不佳的股票的策略。O'Neal（2000）也发现了上述的行业动量效应，并指出行业的动量效应导致了使用行业共同基金将会获得显著的超额回报。此外，该文运用了 1989 年 5 月至 1999 年 4 月的十年间数据，购买前期表现最好的行业基金，并获得了超过了标准普尔 500 指数的回报率。不同国家或地区的行业指数特征也不尽相同。Umutlu 和 Bengitoz（2020）研究发现，在美国、欧洲和亚太地区，任何市值高、市盈率高的行业指数都会产生更高的预期回报。在欧洲，近期的赢家（输家）投资组合在不久的将来很有可能表现优于（逊于）近期的输家（赢家）投资组合。在亚太地区，具有高特质波动率的小型投资组合可获得超额收益率。

除了动量策略以后，还有很多其他的行业配置方法。Ammann和Verhofen（2008）的研究表明，在模型存在不确定性的情况下，可以使用贝叶斯估计对行业收益率进行预测。后验分析表明通货膨胀对预测行业收益率有着重要作用。总的来说，贝叶斯方法的样本外性能优于其他统计模型。Gokhale和Korukonda（2019）运用隐马尔可夫模型进行行业配置。Pedersen等（2021）提出了一种增强的投资组合优化方法，将此方法应用于整个股票和全球资产的行业配置中，并获得了显著的Alpha值。陈暮紫等（2009）运用格兰杰因果检验方法分析了我国A股市场各行业指数之间的联动关系，并得出结论，在熊市和牛市以及熊市和牛市的转换期间，联动关系的强弱不同，虽然没有得到具体的投资策略，但是投资者可以借鉴相关研究结论。杨成和袁军（2011）在陈暮紫等（2009）的基础上分析行业指数之间的极值联动关系，进一步刻画了行业配置的极值风险，为投资组合策略的构建提供了依据。尹力博和韩立岩（2014）研究了国际大宗商品市场的行业配置问题，运用FIGARCH模型刻画行业收益率和行业波动率的特征，增加外部金融市场变量构建行业配置模型，其效果优于传统Markowitz均值—方差框架下的投资策略。

经典的行业配置策略还有行业风格轮动策略和行业反转投资策略。Sorensen和Burke（1986）运用1972—1984年的证券市场数据，研究了43个行业的相对价格走势。研究发现，虽然个别行业的排名差异很大，但特定行业的股票价格走势往往持续至少两个季度，据此提出行业风格轮动的投资策略。Chan等（1996）的研究发现在高价格和高收益的股票回报后会出现逆转。证券分析师的收益预测也对过去的消息反应迟钝，特别是对过去表现较差的股票，并提出相应的行业配置方法。De Bondt等（1985）结合心理学知识，研究了投资者对突发新闻事件的过度反应,结果发现,过度反应违反了贝叶斯定律,而且会影响股票价格,并据此构建行业配置模型。此后,De Bondt 等(1987)又基于投资组合的季节性回报的规律构造了行业反转投资策略。Jegadeesh 和 Titman(2001)评估了行业动量策略盈利能力的各种解释,发现20世纪90年代的动量利润仍在继续,这表明最初的结果并非数据挖掘的产物。此外,文章运用行为模型对行业动量策略进行解释,得出结论,动量收益是由于延迟的过度反应,最终会逆转。熊胜君和杨招军(2006)比较了不同投资风格在中国证券市场的适用性,结果发现行业因子大于市值因子,市值因子大于成长性投资风格因子。

历史文献多运用均值—方差模型、因子模型以及行业因子动量策略进行行业配置,鲜有在考虑不同时期整个行业关联系统或行业关联风险的基础上构造了投资策略。

第二节 银行信贷市场行业配置与风险管理的研究

银行信贷市场中的行业配置与风险管理中,我们首先梳理了银行信贷风险的影响因素,其次基于银行信贷目的的不同视角对文献进行梳理,最后对银行信贷配置是集中化还是分散化的研究进行了讨论。

一 银行信贷风险的影响因素

银行信贷风险的影响因素研究中,宏观经济或政策的影响最为重要。Cho(1988)以韩国数据为样本,研究了金融自由化对信贷配置效率的影响,发现自1980年韩国政府开始实施各种金融自由化改革以来,信贷分配的效率有了实质性的提高。Dell'Ariccia 和 Marquez(2004)研究发现在信息不对称程度较高的信贷市场中,银行将会提高贷款利率,并为信誉相对较差的借款人提供融资。Jacques

（2008）探讨了银行在新巴塞尔协议标准下如何降低其商业贷款的信用风险，研究发现资本约束的银行通过减少高信用风险贷款来应对不利的资本冲击，但是在某些情况下，低信用风险贷款实际上可能会增加。与巴塞尔协议Ⅰ相比，在巴塞尔协议Ⅱ下高风险贷款将会减少很多。Firth 等（2009）研究了中国国有银行如何将信贷配置给民营企业，发现政府作为少数股东有助于企业获得银行贷款，这表明政治关系在获得银行融资方面发挥了作用。Cong 等（2019）研究了 2009—2010 年中国经济刺激计划中的企业信贷配置问题，发现刺激计划驱动的信贷扩张不成比例地偏向国有企业和平均资本产品较低的企业，逆转了资本向私营企业重新配置的过程。此外，还有关于信贷风险度量和传染的研究。Ic（2012）以模糊数学中的 TOPSIS 及线性规划方法为基础，建立银行信用风险集中分配模型，以确定其区域信用风险的上限。Shahzad 等（2017）考察了美国信贷市场之间的行业关联和传染问题。运用行业指数日度数据分析发现，基础材料（公用事业）与其他行业的相关性最高（最低），基础材料信贷市场将行业周期性效应传递给了其他行业。

国内文献方面，黄宪等（2005）研究资本充足率监管体制下的银行信贷配置问题，结果发现新巴塞尔协议后将导致我国银行降低中小企业的贷款率。张卫国和刘伊生（2008）的研究同样发现，银行内部控制是信贷风险的主要来源，而非环境因素。而行业配置是银行内部控制的主要方式之一。王连军（2011）研究了金融危机下政府干预与银行信贷风险的关系，结果发现政府干预对银行信贷风险并没有显著的影响，但是对信贷规模扩张的影响显著。许天骐和王亭熙（2012）以博弈理论为视角发现提高银行信贷信号指标和信息处理能力、与企业保持稳定、健康的信贷关系可以降低商业银行信贷风险。此外，还有关于信贷风险模型的研究，郝丽萍等（2001）认为银行信贷风险评价模型有助于信贷风险的控制，并运用人工神经网络构建了信贷风险评价体系框架。葛允康和孙英隽（2014）基于模糊数学中的模糊层次分析法对银行信贷风险进行了定量分析，研究发现信贷管理机制和信用风险监控不健全是银行信贷风险的最大来源。

银行信贷风险的影响因素研究中，主要还是宏观经济或政策影响最大，而宏观经济或政策又首先影响行业因素。进一步凸显了行业配置在银行信贷配置中的重要性。

二 银行信贷行业配置的两个视角研究

目前关于银行信贷行业配置的研究主要有两个视角：社会视角和银行视角。我们先简要综述基于社会视角的银行信贷配置的研究。基于该视角，银行应该将资金配置到边际效用较大，对国家发展和社会贡献较大的行业。关于社会视角的资金配置效率问题，具有代表性的是 Wurgle（2001）的研究。他分析了 65 个国家基于行业层面的银行信贷配置，发现发达国家更倾向于将信贷资金配置到增长型行业中，且资金配置效率反比于行业的国有化程度，正比于法律对于中小型投资者的保护程度。此后，中国人民银行营业管理部课题组（2005）借鉴 Wurgler（2001）的研究方法对北京市的银行信贷资金在 26 个行业的配置效率进行了分析，发现配置效率与产业结构调整情况、行业利润率和创造力高度相关以及部分行业存在信贷过度集中的现象。后续，较多学者研究了信贷资源配置效率的影响因素。例如，盛丹等（2013）研究了产业集聚效应对信贷资源配置的影响，发现产业集聚效应降低了企业融资成本，从而提高信贷资源的配置效率。影响信贷资金配置效率的因素还有公司集团化程度（潘红波等，2010）和金融发展程度（李青原等，2013）。徐飞（2019）研究了银行信贷与企业创新的关系，指出了银行针对企业创新活动的信贷业务存在风险与收益不对称问题。周永圣等（2017）基于政府、银行以及企业三方关系研究了三方参与主体的演化稳定策略。Cong 等（2019）研究了中国 19 家银行与制造业企业的信贷关系，详细分析了信贷扩张和刺激计划对民营企业发展的影响。

基于银行视角的信贷配置是指银行在信贷政策等条件约束的前

提下，最大化信贷收益，提高银行经营能力。具体而言，银行通过信贷配置降低不良贷款率，提高贷款收益。Dell'Ariccia 和 Marquez（2004）研究了信息不对称程度对银行贷款收益率的影响。在行业研究中，各行业的信息不对称程度差异较大，比如房地产、国防军工和金融行业的信息不对称程度明显高于农林牧渔业和制造业。李卫东等（2010）从价值投资理论的角度分析银行信贷决策，以某银行为例进行实证分析，指出该银行应重点投资建筑业和零售业以及重点关注住房价格指数和 CPI 等指标。潘敏等（2011）实证分析我国信贷资金的行业产出效应，研究发现不同行业对信贷资金冲击存在显著的异质性，第一产业和第三产业的信贷资金的产出效应较高。Metawa 等（2017）运用人工智能中的遗传算法研究了在信贷紧缩的环境下，银行如何进行最优的贷款决策使得利润最大化。Akter 和 Roy（2017）运用孟加拉国的银行数据分析了不良贷款的增长、累积与银行盈利能力之间的关系。Simper 等（2019）运用欧盟 26 个成员国的银行数据分析了风险管理技术与创新对银行不良贷款率的影响。上述文献主要研究了银行信贷配置的影响因素，鲜有考虑基于行业层面的银行信贷配置策略。关于信贷配置策略，当前银行的实际操作中主要依赖自有的历史信贷数据进行简单的总结和定性分析确定信贷行业配置比例，没有充分运用量化的工具防范信贷风险。大多数银行仅仅考虑了单个行业的预期收益和风险承担，忽略了单个行业在整个行业系统中的重要性以及行业网络之间的聚类特征。

三 信贷行业配置应该集中化还是多元化的研究

基于银行视角的银行信贷配置需要考虑的重要问题之一是信贷配置应该集中化还是多元化。Acharya 等（2006）研究了意大利的 105 家银行的贷款分散程度对贷款收益率和违约率的影响，发现与传统投资组合不同，行业多元化并不能降低风险，反而会带来更低的贷款回报率。研究表明在银行贷款的行业配置中不能单纯地运用行业个数多元化来进行决策，仅仅考虑方差风险的贷款决策并不能达到最优配置的目的。随后，Rossi 等（2009）、Berger 等（2010）和 Tabak 等（2011）分别使用奥地利、中国和巴西的银行数据探讨了银行信贷配置是集中化还是多元化更优的问题。就贷款收益率而言，运用奥地利的银行样本研究表明多元化会提高贷款收益效率，但是运用巴西和中国的银行样本得出的研究结果恰恰相反，贷款组合的集中化可以提高贷款收益率；就不良贷款率而言，运用奥地利的银行样本研究表明多元化会降低银行风险，但是巴西的银行样本研究表明集中化会降低不良贷款率，三篇文章的研究结果完全不同。之后，Adzobu 等（2017）运用非洲的银行数据研究表明，贷款组合多元化既没有提高银行的盈利能力，也没有降低银行信贷风险。目前，银行信贷配置是集中化还是多元化更优的问题仍无定论。

第三节　基金市场行业配置与风险管理的研究

基金市场行业配置与风险管理，我们首先梳理了基金业绩来源的三类文献。其次基于基金业绩来源中的基金经理的个人特征和努力程度，总结了基金经理能力或努力程度度量的相关文献。最后细化到基金行业配置和基金筛选的文献梳理。

一　主动型管理基金行业的基金业绩来源研究

关于主动型管理基金的业绩来源，也就是基金超额收益的来源，历史文献主要有三种观点：

第一，基金规模递减效应。随着主动型管理基金规模的增加，该基金超越基准收益的能力就会下降（Berk and Green, 2004；陆蓉等，2007；Pastor and Stambaugh, 2012）；第二，行业规模竞争效应。随着主动型管理基金市场份额的增加，不同基金之间的竞争程度也会增加，导致获取超额收益的难度变大（Pastor and Stambaugh, 2012；

Pastor et al.，2015；Feldman et al.，2020）；第三，基金经理的努力程度和技能（Cohen et al.，2008；Cohen et al.，2010；孟庆斌等，2015；刘莎莎等，2013；申宇等，2016）。前两种观点都是基于市场流动性而引起的。在基金规模层面，规模大的基金的交易对资产价格的影响较大，从而降低了基金的业绩。在行业规模层面上，随着基金参与竞争的不断扩大，价格会发生波动，这使得获取超额收益的机会越来越难把握。第三种观点则是从基金经理的个人特征和努力程度角度分析其对基金业绩的影响。

二　基金经理能力或努力程度的研究

基金经理能力或努力程度的度量是识别优质基金的重要渠道之一。已有文献主要从三个角度去衡量基金经理的能力。第一，通过基金的某些个体特征。例如，基金换手率（Pastor et al.，2017）、基金经理的薪酬机制（Massa and Patgiri，2009）、是否属于直销基金（Guercio and Reuter，2014），是否属于同一基金家族（郭春松等，2015）。此外，还有基金经理的个人特征，例如，基金经理的校友关系（Cohen et al.，2008；Cohen et al.，2010）、海外背景和专业证书（赵秀娟和汪寿阳，2010）、基金经理的持股偏好（孔高文等，2019）等。第二，通过对基金收益指标的分析来衡量基金经理的能力。例如，收益率缺口（Return Gap），即基金的实际收益率与基金在期初公布的潜在持有收益率之差（Kacperczyk et al.，2008）、因子模型回归后的 alpha（Amihud and Goyenko，2013）、跟踪误差和综合后的复合指标（罗荣华等，2011）等。第三，基金投资组合与特定基准组合之间的偏离程度。例如，Simutin（2013）研究发现基金投资组合与其所在家族投资组合的偏离程度越高，其未来的基金业绩将会越好。Kacperczyk 和 Seru（2007）运用基金经理在交易时对公开信息的偏离程度来衡量基金经理的能力。本书也是运用第三种度量方式，基金经理行业配置偏离市场组合行业配置比例的程度度量努力程度，此外，还定义了任意两个基金之间的行业配置距离指标，并以此指标构建基金市场的行业配置复杂网络，在此基础上定义了一个全新的基金经理努力程度度量指标：基金经理行业配置聚类程度。

三　基金投资组合中行业配置的研究

基金投资组合中行业配置具有重要的参考价值。Busse 和 Tong（2012）的研究发现，行业选择占基金业绩归因的 1/3 以上，而且行业选择能力具有更强的可持续性，与个股选择能力不同，基金资产的增加不会削弱行业选择能力。Gavriilidis 等（2013）运用西班牙基金市场数据，从收益、波动和交易量三个角度检验了基金市场的行业层面的羊群效应行为，并证明了其显著存在性。Demirer 和 Zhang（2019）研究了美国市场危机时期证券市场的行业层面的羊群效应行为，同样证明了其存在性。Lee 等（2013）检验了中国证券市场行业层面羊群效应的存在性。徐信忠等（2011）运用中国市场股票型和混合型开放基金数据研究了基金行业配置的相关性，研究发现我们的基金投资行为在行业层面存在羊群现象，该现象既不是个股羊群效应的行业层面表现，也不是投资风格驱动。Choi 和 Sias（2009）对机构投资者是否会跟随其他机构投资者买入或卖出同一行业的股票这一问题展开研究，结果发现本季度买入某一行业的机构交易者比例与上季度买入该行业的机构交易者比例之间的横截面相关性平均为 40%，并且检验发现信号理论是推动行业羊群效应的主要原因。

关于行业配置和基金业绩的关系，Kacperczyk 等（2005）研究了 1984—1999 年美国积极管理型共同基金的行业配置集中度与基金业绩之间的关系。在控制基金风格差异以及使用各种绩效衡量标准后，发现行业配置集中度越高的基金表现越好。这也是第一篇研究基金行业配置集中度的文献。孔东民等（2010）在 Kacperczyk 等（2005）的研究基础上实证分析了我国基金市场投资组合的行业集中度与基金收益之间的关系，发现行业集中度更高的基金业绩低于行业分散的基金。除行业配置的集中化程度以外，还有其他指标集中化的研究。Levy 和 Livingston（1995）研究发现在均值—方差模型框架下，若基金管理者拥有优势信息，则应该持有一个相对集中的投资组合。Nanda 等（2004）研究发现遵循更集中的基金投资策略的基金家族表现更好，这可能是因为他们具有信息优势。罗荣华等（2020）构建了基金的重仓持股网络，并且运用基金与网络中的其他基金的平均交易偏离程度衡量基金对于公开信息的使用程度，实证结果发现，使用公开信息越少的基金拥有更高的超额收益。

四 基金筛选策略的研究

关于基金筛选策略的研究，国内外的文献均较少。Brands 和 Gallagher（2005）研究了澳大利亚基金市场 FOF 的业绩和投资组合多样化特征，发现在均值—方差模型下，随着 FOF 组合中基金数量的增加，基金的业绩有所提高，但是在 FOF 的投资组合中包含大约 6 只积极股票基金时，多元化带来的大部分收益就可实现。Conlon 等（2007）运用随机矩阵理论，构造了基金收益率关系矩阵，降低了投资组合的预测风险与真实风险之间的差异，减少了 FOF 的基金风险。Chen 等（2009）研究了一个具有风格约束的组合基金投资组合优化问题。研究结果不仅可以帮助投资者建立最优风格约束，而且可以为基金经理组合基金的管理框架。Kaushik 等（2013）研究了 1374 只主动型管理基金的业绩表现，帮助投资者找出表现最好的基金（赢家）和表现最差的基金（输家）的特征。Gronborg 等（2021）提出了一种主动型管理基金筛选的新方法，运用基金投资组合和收益的信息，通过一系列基金的两两比较剔除预期表现较差的基金。该方法比传统的 Alpha-Ranking 方法挑选的基金获得更多的风险收益。国内目前关于 FOF 投资策略的研究较少。刘建桥（2017）对比了均值—方差模型，Naïve 模型和风险评价模型在 FOF 资产配置中的效果，在基金筛选方面，该文运用了四因子模型得到基金的 Alpha-Ranking。周正峰（2018）运用人工智能算法中的梯度提升算法和随机森林算法对不同类型的基金进行训练和测试，继而采用风险平价法计算配置比例，研究结论显示此种方法能获得稳健的收益。

第四节 复杂网络方法的研究

复杂网络方法的研究中，与金融市场直接相关的就是复杂网络方法在时间序列分析中的应用，本节系统地梳理了上述文献。此外，本节从网络结构、网络特征和网络投资三个方面对比分析了复杂网络方法在金融市场应用的国内外文献。

一 复杂网络方法的相关研究

近年来，复杂网络方法无论是在理论创新研究中，还是实际应用中均发展迅速，取得了很好的进展。这些研究中有三项理论研究为复杂网络方法的发展奠定了框架基础，分别是 Watts 和 Strogatz（1998）对小型世界网络的研究，Barabási 和 Albert（1999）对无标度网络的研究，以及 Girvan 和 Newman（2002）对网络中的社区结构的研究，三篇文章分别发表于 *Nature*、*Science* 和 *PNAS*，单篇引用次数分别为 45117 次、38641 次、15323 次。而马科维茨的旷世巨作 "Portfolio Selection" 和 "Foundation of Portfolio Theory" 总的引用次数也仅 4000 余次[①]，足以见得复杂网络方法的应用之广。

时间序列方法是金融学领域的重要方法之一，近年来的研究表明，复杂网络理论可能成为时间序列分析的有效工具。Yang 和 Yang（2008）提出了一种利用时间序列的相关矩阵构造复杂网络的可靠方法。研究了原始股票时间序列、相应的收益序列及其振幅序列构造的不同复杂网络的性质。Zhang 和 Small（2006）研究了不同网络在不同时间序列中的统计性质，发现具有不同动态时间序列表现出不同的拓扑结构。具体来说，有噪声的周期信号对应于随机网络，而混沌时间序列产生的网络具有小世界和无尺度特征。Marwan 等（2009）提出了一种运用复杂网络理论分析时间序列的新方法。

---

① 数据来源：中山大学图书馆外文数据库。

具体而言，用复杂网络的邻接矩阵识别递归矩阵（采用时间序列计算），并将复杂网络的特征度量应用到该递归矩阵。这种方法被运用在古海洋及古气候记录，并识别了气流的微妙变化。

在过去的十年里，有越来越多的文献涉及运用复杂网络方法来描述基于时间序列的动力系统。Zou 等（2019）对时间序列网络的现有方法进行了深入的研究，包括它们的方法基础、解释和实际应用，重点分析了相空间递归网络、可见性网络和基于马尔可夫链的过渡网络，详细分析这三种网络从抽象到具体应用的过程。Gao 和 Jin（2012）提出了一种运用时间序列构造有向加权复杂网络（DWCN）的可靠方法。此外，文章将动力学方法与 DWCN 的拓扑指数结合起来，以经典混沌系统的时间序列为例，证明了该方法的有效性。Gao 等（2015）又从多元时间序列中推导出多频复杂网络，以不同的频率构建复杂网络，然后检测社区结构。

聚类时间序列数据在金融领域也有着广泛的应用，Zhang 等（2011）运用复杂网络方法提出了一种基于相似性的时间序列聚类算法，该方法可以减少数据计算量，提高分析效率。国内关于复杂网络的研究主要以应用为主，如电网分析（魏震波和荀竞，2015）、计算机并行计算领域（乔少杰等，2017）、经济地理领域（王宁宁等，2015）等。

二 复杂网络在金融市场中的相关研究

国内关于复杂网络方法在金融市场投资组合中的应用研究从 2010 年以后才开始兴起，金融市场网络的研究大多数局限于网络特征分析：利用度、中心度、聚类系数等指标，研究个股、公司或者基金在拓扑网络中的特征。国外关于网络投资组合的文献较为丰富，尤其是关于网络投资模型的研究较国内成熟。银行市场主要运用复杂网络方法分析系统性风险，在信贷配置中复杂网络方法的应用较少。

本章从网络结构、网络特征和网络投资三个方面对比国内外文献的研究。网络结构方面，从网络节点和网络连接剖析，国内外多

◆ 金融市场行业风险传染与资产配置

数文献是以股票、股指或基金作为节点,以股票、股指或基金的相关系数或关联关系为连接边构造网络。以股指为节点的文献多为研究不同国家、不同市场的股市联动性。当然也有突破传统框架的研究,如胡振华等(2016)就以互信息和信息熵度量股票之间的相关性。Billio等(2012)以节点之间的格兰杰因果关系作为网络连接,构建金融市场股票网络。网络特征方面,研究方向主要有两个:一个是假设网络是一个随机网络,利用仿真工具去模拟其风险传染等过程;另一个是利用真实的数据去构造复杂网络,研究其拓扑特征。张维等(2013)综述了计算实验金融在金融网络特征研究中的应用。网络投资方面,研究方向主要有投资组合和风险管理,其中投资组合的研究多数利用网络生成的变量作为投资指标,构造投资模型。具体文献内容如表2-1所示。

表2-1 金融网络文献综述

研究分类		中文文献	外文文献
网络结构	网络节点	肖琴(2016)以中国五大类股票为节点,进行相关性分析。李政等(2016)以我国上市金融机构为节点,解构金融网络部门间的关联特征。罗荣华等(2020)以基金为节点构造持仓网络	Allen和Gale(2000)以银行为节点构建拆借网络。Diebold 和 Yilmaz(2011)、Barigozzi 和 Brownless(2019)及Peralta(2015)以证券为节点,以收益率相关系数为连接构建金融网络
	网络连接	胡振华等(2016)以互信息和信息熵衡量股票之间的相关性。杨子晖和周颖刚(2018)基于VAR模型的方差分解构建网络	Billio等(2012)以格兰杰因果关系作为网络连接,构建金融市场股票网络。Dees等(2020)从图论视角构建了不同的网络连接,研究了投资组合的风险分散问题
网络特征	模拟网络	鲍勤和孙艳霞(2014)利用仿真网络研究银行业的结构特征和风险传染。杨海军和胡敏文(2017)采用核心—边缘网络研究银行间的风险传染	Cerqueti和Lupi(2016)利用仿真网络度量金融市场的风险程度,并与期望效用理论结合。Gandy和Veraart(2017)运用贝叶斯估计构造银行间拆借市场的模拟网络

— 30 —

续表

研究分类		中文文献	外文文献
网络投资	真实网络	张来军等（2014）以沪深300指数构建网络，分析网络的随机特征和小世界特征。随聪和王宗尧（2015）利用银行间借贷数据分析银行网络的无标度特征	Huang等（2015）研究香港股票的网络特征，发现香港股票的连接度满足幂律分布。Li等（2017）构建基于国家和公司两个维度的能源股票市场网络，分析市场特征
	投资策略	钟韬和彭勤科（2015）利用上市公司的文本信息，构建金融网络模型，并与技术分析方法结合提出一种较低风险投资策略。宫晓莉和熊熊（2020）运用波动溢出网络构造对冲策略	Pozzi等（2013）研究发现投资者应该更多地配置网络边缘型股票。Peralta和Zareei（2016）提出了 ρ 值交易策略。Cao等（2019）将复杂网络和机器学习相结合。Puerto等（2020）研究聚类特征和投资组合的关系
	风险管理	庄新田和黄小原（2004）在金融资产与负债非平衡条件下，从金融网络角度分析了投资与风险问题。杨子晖等（2020）研究了突发公共事件下的风险传染问题	Alvin等（2017）通过互联网上股票搜索构建股票搜索相关性网络，分析股票的风险暴露。Zareei（2019）研究了投资组合风险中的网络结构来源。Ma等（2020）研究资产重叠对银行系统性风险的影响

资料来源：笔者根据公开学术论文资料整理。

第三章

复杂网络视角下股票市场行业配置与风险管理

第一节 研究问题

Markowitz 于 1952 年提出了均值—方差模型，开启了现代投资组合理论。后续大量学者对均值—方差模型进行了拓展，Li 和 Ng（2000）以及 Zhou 和 Li（2000）分别从离散时间和连续时间角度给出了动态均值—方差模型的解析解。此外，Yao 等（2016）将均值—方差模型的假设放松至随机利率。但均值—方差模型在实际投资中的应用表现却没有达到其理论价值的高度（Merton，1980）。

随后，1964 年美国学者 Sharpe 提出了资本资产定价模型（CAPM），其本质是一个单指数模型。指数模型的引入解决了均值—方差模型的两大缺陷：简化了协方差矩阵的估计，强化了证券风险溢价的估计。但是，单指数模型仅仅考虑了股票与指数之间的单层关系，丢失了很多数据信息，可能会对投资组合的收益和风险估计带来偏差。1992 年 Fama 和 French 提出了三因子模型，此模型虽然解释了不同股票回报率差异金融异象，但新的异象（投资者对企业的资本投入估计不足，导致高投资的企业股票收益率反而变

第三章
复杂网络视角下股票市场行业配置与风险管理

低）很快出现。后续，Carhart 于 1997 年提出了四因子模型，在三因子模型的基础上加入了动量效应。Fama 和 French 于 2015 年在原有的三因子模型上增加盈利能力因子和投资模式因子，形成五因子模型。近年来，随着数据挖掘技术的不断发展，投资领域也慢慢地开始运用这一技术，就投资回报率而言，De Miguel 等（2009）提出了 Naïve（1/N）投资模型，检验了市场中主流的投资模型，发现没有任何一个模型可以完全优于简单而直接的 Naïve（1/N）投资模型。至此，基于数据挖掘方法的投资模型慢慢被投资者所接受。然而从金融网络的视角研究投资组合，则是数据挖掘技术的进一步应用。同时，证券市场也是复杂网络方法的一个重要应用领域（Mandere，2009）。传统的投资模型有的因为计算复杂度高，有的因为没有反映个股的整体风险，有的因为预测性能的不稳定而没有得到广泛长久的应用，尤其对于个体投资者来说，使用上述模型的门槛较高。而复杂网络方法的引入，可以清晰地反映每一只股票或每一行业在整个证券市场中的"地位"［中心性（Mandere，2009）等指标］，从而能够在一定的预期收益水平下更加直观便捷选择所要投资的行业或股票，进而提高了证券市场中个体投资者的风险意识。Peralta 和 Zareei（2016）提出了一种基于复杂网络的个股选择方法，该方法很好地将均值—方差模型融入网络建模思想中。受该文启发，本章运用复杂网络方法，研究证券投资中行业配置（确定行业投资比例）问题。证券投资中行业配置的重要性不言而喻，其理论基础是认为证券收益决定于企业价值，而企业价值受宏观经济因素的影响，尤其是行业因素。黄乃静等（2017）的研究表明，多数行业间都存在单向和双向的传染效应。因此，投资组合的构建应该是一个从行业到个股过程，同时行业层面应考虑行业间的关联和传染效应。

本章将复杂网络方法应用到证券投资中的行业配置，探讨了股票市场行业关联网络在多大程度上可以改进马科维茨框架下投资组合的选择过程。首先从理论模型的角度寻找并证明 BL 模型最优投资组合权重与网络特征向量中心度的数学关系。其次从实证分析的角度检验理论推导结果。实证分析中将证券市场上的每一个行业看成一个网络节点，利用行业收益率相关系数作为两个节点（行业）连接的权重，从而形成一个行业完全网络，这样的网络包含了太多的冗余信息。为此，本章采用最小生成树算法剥离出完全网络的核心骨架，再计算每一个节点的特征向量中心度（Eigenvector Centrality degree），进而实证分析 BL 模型最优投资组合权重与网络特征向量中心度的数据关系。最后结合理论模型和实证结果提出 BL+Network 行业配置模型，其主要思想是，先通过网络中的特征向量中心度指标对行业进行初步筛选，再通过 BL 模型进行具体行业配置比例的计算。BL 模型的主观观点采用机器学习和时间序列模型预测得到。

关于复杂网络特征向量中心度在行业配置中应用的直观解释主要有两点：第一，特征向量中心度指标反映了一个行业在整个行业系统中的重要性程度，中心度的绝对值越大，表示与其他行业的关联程度越大，如果投资组合中包含了这些中心度较大的行业，则打破了分散化带来的投资组合效应，所以中心度指标更多的是系统风险的刻画。第二，每个行业都有着各自的行业个体风险，例如夏普比率和波动率。马科维茨均值—方差模型中投资比例的确定某种程度上就是这些个体风险和系统风险的权衡，而系统风险与网络中心性指标有着密切的关系。

传统文献多是借助网络指标对行业或个股网络进行描述性分析，缺乏对投资组合的具体指导。从文献搜索结果来看，Pozzi 等（2013）是第一篇真正将金融网络的拓扑结构用到投资组合中的文献，其本质还是基于数据驱动的思想，基于所构建的网络找到股票之间的关联性。该文章得出结论：投资者为了避免风险，应该更多地配置网络中低中心度的股票。Peralta 和 Zareei（2016）在 Pozzi 等（2013）的文章基础上，不仅考虑了股票的系统性风险，还考虑了每一只股票的个体风险，此外，还构建了一个以中心度和夏普比率为衡量指标的投资策略（ρ-策略）。该文找到ρ的一个阈值，认为若ρ值小于该阈值，则应该投资低中心度的股票；反之应该投资高中心度的股票。本章则是在Peralta和Zareei（2016）文章的基础上将复杂网络方法应用到行业配置领域，借助网络方法，简化投资组合的选择过程。同时，完善了复杂网络方法在"自上而下"投资组合框架中的应用。

第二节　模型构建

本节主要建立行业指数的复杂网络，在此基础上证明Black-Litterman模型的行业最优投资组合权重与复杂网络特征向量中心度的数学关系。关于网络方法，本书借鉴Peralta和Zareei（2016）个股网络模型的思想，从行业视角出发，拓展了网络方法在"自上而下"投资组合中的应用。

一　基础网络构建

记行业网络$G=\{N, \theta\}$，其中N为网络节点集合，每个节点表示一个行业，本章共选取28个行业（按申银万国行业一级名录）。θ为网络中边的集合，边为有序实数对，即如果行业i和行业j之间存在相关性，则行业i和行业j连接一条边，记$(i, j) \in \theta$。两个行业间相关性用行业指数收益率间的相关系数度量。网络G构建完成后，为了方便研究，网络中的连接关系可用邻接矩阵C表示，矩阵C中的元素用c_{ij}表示，代表行业i与行业j的指数收益率相关系数。一般情况下，行业间收益率相关系数不等于0，即$c_{ij} \neq 0$，因此任意两个不同节点之间都存在一条边，这是一个完全网络，包含了太多的冗余信息，故本章将采用最小生成树算法过滤网络。

二　特征向量中心度

特征向量中心度（Eigenvector Centrality）定义的节点中心性既取决于其邻居节点的数量（该节点的度），也取决于其邻居节点的重要性。Google 的 PageRank 就是特征向量中心度的一个应用。特征向量中心度在金融股票市场中的应用也在不断完善（Peralta and Zareei，2016；李政等，2016；Pozzi et al.，2013；Glasserman and Young，2015），其主要依据有两点：第一，理论上，收益率的协方差矩阵可以由矩阵中的特征分解（谱分解）分解为相关系数矩阵的特征值和特征向量的乘积形式，而特征向量中心度就是由特征向量计算得来的。因此，特征向量中心度本质上与经典投资组合在思想上是一致的。第二，实证上，行业的中心性的度量与该行业的上下游行业有重要关系，且对上下游行业的影响权重不同。例如，房地产行业，其中心性与上游银行业和下游建筑业有着千丝万缕的关系，但银行业可能对房地产行业的影响更大，而特征向量中心度可以捕捉这一特点。因此，本章用特征向量中心度衡量行业的中心性。特征向量中心度是通过邻接矩阵 C 来定义的。

定义 3-1：设 $V=(v_1, v_2, \cdots, v_n)$ 为 C 的特征向量，λ 为对应的特征根，即 $CV=\lambda V$。行业 i 的特征向量中心度 v_i^* 定义为

$$v_i^* = \lambda^{-1} \sum_{j \in N(i)} c_{ij} v_j \tag{3-1}$$

其中，$N(i)$ 表示网络中与行业 i 相邻行业的集合（即 $c_{ij} \neq 0$ 的行业 j 的集合）。

因为各个特征向量对应不同的特征值 λ，所以一个额外的要求是只有最大特征值对应的特征向量才是中心性测度所要求的，所以式（3-1）中 v_j 代表最大特征值对应特征向量的第 j 个分量。然而，根据 Perron-Frobenius 定理，只有所有矩阵元素都为正数，才能保证最大特征值对应的特征向量的分量都为正值（Newman，2008）。但是完全网络包含太多冗余信息，必须对其进行去噪处理，这样必然会使某些矩阵元素变为 0，从而不满足 Perron-Frobenius 定理条件，不能保证特征向量中心度全为正值。早期文献多将中心度为负值的情况直接取绝对值以方便处理，本章将考虑特征向量中心度为负的情况，以防信息丢失。

三 BL 模型最优投资组合权重与特征向量中心度

Black 和 Litterman（1992）为了解决均值—方差模型在资产配置中诸多缺陷，提出了 BL 模型，其主要思想如下。传统的均值—方差模型是最大化如下效用函数：

$$U = \omega'\mu - \frac{\lambda}{2}\omega'\sum\omega \tag{3-2}$$

其中，ω 表示资产配置比例向量，μ 表示资产期望收益率向量，λ 表示投资者的风险厌恶系数，$\sum$ 表示资产收益率间协方差矩阵。

假设资产的总投资比例与其市场价值权重 ω_{eq} 相等，此时资产的期望收益率 μ 为市场均衡收益率。对方程（3-2）右边关于 ω 求导，并令一阶导数等于 0，即 $\frac{\partial U}{\partial \omega} = \mu - \lambda\sum\omega = 0$，得到市场均衡收益率，用 Π 表示：

$$\Pi = \lambda\sum\omega_{eq} \tag{3-3}$$

式（3-3）所表示的均衡收益率代表市场观点（先验分布），将此与投资者的主观观点（后验分布）相结合，通过贝叶斯思想得到 BL 模型下的资产期望收益 $E(r)_{BL}$ 如下，其中各变量含义如表 3-1 所示。

$$E(r)_{BL} = [(\tau\sum)^{-1} + P'\Omega^{-1}P]^{-1}[(\tau\sum)^{-1}\Pi + P'\Omega^{-1}Q] \tag{3-4}$$

表 3-1　　　　　　BL 模型中变量含义

变量	含义	矩阵维度	变量	含义	矩阵维度
$E(r)_{BL}$	期望收益率向量	$n \times 1$	Ω	主观观点的信心误差矩阵	$k \times k$
τ	调整系数	1×1	Π	市场均衡收益率	$n \times 1$
ω_{eq}	资产的市值权重	$n \times 1$	Q	主观观点收益矩阵	$k \times 1$
P	投资者主观观点矩阵	$k \times n$	$\sum$	历史收益率的协方差矩阵	$n \times n$

注：k 表示主观观点数量，n 表示资产种类数目；主观观点变量 P、Q、ε 之间的关系可以表示为：$P \times E(r) = Q + \varepsilon$，$\Omega$ 为 ε 的协方差矩阵。

根据求得的期望收益 $E(r)_{BL}$，利用均值—方差模型重新进行资产配置优化①：

$$\underset{\omega_{BL}}{\text{Max}} \omega_{BL} E(r)_{BL} - \frac{\lambda}{2} \omega'_{BL} \sum \omega_{BL} \tag{3-5}$$

优化式（3-5）的最优解为

$$\omega_{BL} = (\lambda \sum)^{-1} E(r)_{BL} \tag{3-6}$$

将期望收益的表达式（3-4）代入式（3-6），可得（详细推导过程可见附录 A）

$$\omega_{BL} = \omega_{eq} + P' \left(\frac{\Omega}{\tau} + P \sum P' \right)^{-1} \left(\frac{Q}{\lambda} - P \sum \omega_{eq} \right)$$

$$= \omega_{eq} + \varphi_{BL} \left(\frac{Q}{\lambda} - P \sum \omega_{eq} \right) \tag{3-7}$$

式中，$\varphi_{BL} = P' \left(\frac{\Omega}{\tau} + P \sum P' \right)^{-1}$ 表示主观观点综合项。

下面，在上述 BL 模型的基础上，引入复杂网络中心度的概念，寻找网络中心度指标与最后投资组合权重的关系，即推导出 BL 模型资产配置比例与特征向量中心度之间的二次关系。

命题 3-1：BL 模型资产配置比例 ω_{BL} 与资产相关系数矩阵 C 的最大特征值对应的特征向量关系为

$$\omega_{BL} = \omega_{eq} + \varphi_{BL} \frac{Q}{\lambda} - \lambda_1 \varphi_{BL} P \hat{V}_1 \hat{V}_1' \omega_{eq} - \Gamma_{BL}$$

其中，$\Gamma_{BL} = \varphi_{BL} P \Delta \left(\sum_{i=2}^{n} \lambda_i V_i V_i' \right) \Delta \omega_{eq}$，$\lambda_1$，$\lambda_2$，…，$\lambda_n$ 表示矩阵 C 的 n 个特征值，V_1，V_2，…，V_n 表示特征值对应的特征（列）向量，V_1 为最大特征值 λ_1 对应的特征向量。Δ 为对角矩阵，其对

---

① 本章参考 Peralta 和 Zareei（2016）的模型设定，没有加入卖空约束，主要考虑以下两点因素：第一，由于本章遵循"自上而下"的投资策略，而股票市场存在卖空行为，故其对应的上层投资策略需匹配一致。关于行业配置的卖空行为既可以在其对应的行业股票市场进行卖空交易，也可以对相应的行业指数（中国证券市场的每一个行业均有相应的指数基金）进行卖空交易。第二，卖空约束束缚了市场对证券价格的反应，阻碍了信息的传递，降低了市场的有效性（Jones and Lamont, 2002）。

角线的第 i 个元素为股票 i 的收益率标准差 σ_i。向量 $\hat{V}_1$ 的分量为 σ_i 和向量 V_1 对应分量的乘积，即 $\hat{V}_{1i} = \sigma_i V_{1i}$，为 $n \times 1$ 阶列向量，代表误差加权特征向量。

证明：因为相关系数邻接矩阵 C 与协方差矩阵之间的关系为 $\sum = \Delta C \Delta$，所以式（3-7）可以改写为

$$\omega_{BL} = \omega_{eq} + \varphi_{BL} \left(\frac{Q}{\lambda} - P\Delta C \Delta \omega_{eq} \right) \tag{3-8}$$

又由矩阵的分解公式可知，相关系数矩阵 C 可以分解为

$$C = \lambda_1 V_1 V_1' + \lambda_2 V_2 V_2' + \cdots + \lambda_n V_n V_n' \tag{3-9}$$

所以，

$$\omega_{BL} = \omega_{eq} + \varphi_{BL} \left(\frac{Q}{\lambda} - P\Delta \left(\sum_{i=1}^{n} \lambda_i V_i V_i' \right) \Delta \omega_{eq} \right)$$

$$= \omega_{eq} + \varphi_{BL} \frac{Q}{\lambda} - \varphi_{BL} P\Delta \left(\sum_{i=1}^{n} \lambda_i V_i V_i' \right) \Delta \omega_{eq}$$

$$= \omega_{eq} + \varphi_{BL} \frac{Q}{\lambda} - \varphi_{BL} P\Delta \lambda_1 V_1 V_1' \Delta \omega_{eq} - \varphi_{BL} P\Delta \left(\sum_{i=2}^{n} \lambda_i V_i V_i' \right) \Delta \omega_{eq}$$

$$= \omega_{eq} + \varphi_{BL} \frac{Q}{\lambda} - \lambda_1 \varphi_{BL} P \hat{V}_1 \hat{V}_1' \omega_{eq} - \Gamma_{BL} \tag{3-10}$$

由于特征向量中心度的定义只考虑最大特征值对应的特征向量，故可以将 i 大于等于 2 的特征值、特征向量的多项式记为余项，用 Γ_{BL} 表示。

$$\Gamma_{BL} = \varphi_{BL} P\Delta \left(\sum_{i=2}^{n} \lambda_i V_i V_i' \right) \Delta \omega_{eq} \tag{3-11}$$

证毕。

在命题 3-1 的结论下，我们可以推导出 BL 模型资产配置比例 ω_{BL} 与特征向量中心度的单调性关系。

定理 3-1：当最大特征值 $\lambda_1 > 0$ 且 $\varphi_{BL} P = P' \left(\frac{\Omega}{\tau} + P \sum P' \right)^{-1} P$ 大于 0 时，BL 模型下最优资产配置权重与网络特征向量中心度的绝对值呈近似反比关系。

证明： 由于特征向量中心度仅和最大特征值对应的特征向量有关，故在推导 BL 模型下最优资产配置权重与网络特征向量中心度的关系时，可以忽略大于等于 2 的特征值，即假设余项 Γ_{BL} 等于 0。将式（3-10）关于 V_1 求导可得

$$\frac{\partial \omega_{BL}}{\partial V_1} = -(\lambda_1 P' \Delta' \varphi'_{BL} \omega'_{eq} + \lambda_1 \omega_{eq} \Delta \varphi_{BL} P) V_1 \tag{3-12}$$

进一步分析式（3-12），得到：当 $V_1>0$ 时，$\frac{\partial \omega_{BL}}{\partial V_1}<0$；当 $V_1<0$ 时，$\frac{\partial \omega_{BL}}{\partial V_1}>0$。

因此，ω_{BL} 与 $|V_1|$ 成反比。

证毕。

Peralta 和 Zareei（2016）以个股为研究对象，证明了均值—方差模型最优投资组合权重与网络中心度的数学关系。但是通过实证分析我们发现 Peralta 和 Zareei（2016）构建的网络指标和均值—方差模型投资比例的关系在行业配置中不复存在[①]。究其原因，行业指数相比个股走势波动性更小，行业特征背后的关联关系更为复杂。故本章选择更加适合大类资产配置的 BL 模型作为基础模型，以行业为研究对象，证明了 BL 模型最优投资组合权重与特征向量中心度之间的二次关系，而且将最大特征值条件从均值—方差网络模型 $\lambda_1>1$ 放松至 BL 模型的 $\lambda_1>0$[②]。此外，他们没有考虑特征向量中心度的二次项，得出资产配置比例与特征向量中心度成反比的结论，他们在处理特征向量中心度为负值的情况时，选择取其绝对值转化为正值。此种处理方式在特征向量中心度序列不满足正态分布的情况下，会对研究结论产生偏差。而本章在数学处理上保留了特征向量的二次项，从而保留了特征向量为负值的情况，得到 BL 模

---

① 具体结果见表 3-1。
② Peralta 和 Zareei（2016）将均值—方差模型和特征向量中心度结合构建投资组合模型，但是模型的假设条件是协方差矩阵的最大特征值必须大于 1。

型下资产配置比例与特征向量中心度的绝对值成反比的假设。但是，本章的理论推导也存在一定的局限性，由于初始的网络构建采用的是行业指数序列的相关系数，那么在证券市场出现"千股跌停"这样极端的行情时，相关系数指标就无法对行业间的关联风险进行区分，故在此对模型的适应范围进行说明。

第三节 实证分析 I：行业因子检验

一 数据描述

本章以行业指数收益率的相关系数为网络连接，数据的时间跨度为 2007 年 4 月至 2019 年 3 月，数据来源为 CSMAR 行业指数数据库。行业分类标准选取方面，本章以业界通常采用的行业分类方式即申银万国证券股份有限公司统计的行业标准（以下简称申银万国）进行分类，将行业分为 28 个一级名录。由于 2014 年 2 月申银万国行业分类有所调整，本章所使用的分类是 2014 年调整后的申银万国行业一级名录，对于 2014 年 2 月之前的数据，都按照新的分类标准进行统一调整。

二 行业因子检验

行业配置的先决条件是行业因子在股票收益中的解释力度。本节以 Fama 和 Frech（1973）的三因子模型为基准模型，加入行业因子，检验行业因子在模型中的表现是否显著。同时出于稳定性角度考虑，本章对各因子滞后一期也做了回归。此外，对异常值处理后的结果也作为对照组。模型如下：

无滞后模型：

$$R_{it} = \alpha + \beta_1 R_{mt} + \beta_2 (SMB_t) + \beta_3 (HML_t) + \beta_4 I_{it} + \varepsilon_t \quad (3-13)$$

滞后一期模型：

$$R_{it} = \alpha + \beta_1 R_{m,t-1} + \beta_2 (SMB_{t-1}) + \beta_3 (HML_{t-1}) + \beta_4 I_{i,t-1} + \varepsilon_{t-1} \quad (3-14)$$

其中，R_{it} 表示第 i 只股票在 t 时期的超额收益率，$i \in [1,$

500]；R_{mt} 表示市场组合因子在 t 时期的值；SMB 表示市值因子；HML 表示账面市值比因子；I_{it} 为行业因子，表示第 i 只股票从属的行业指数在 t 时期的收益率；α 和 ε 分别表示回归常数项和残差。由于每只股票有一个回归结果，共有 500 个回归结果，现将回归结果的 t 值分布统计如表 3-2 所示，表中的百分比表示不同置信水平下行业因子显著的股票占全部股票数量（500 个）的百分比。

表 3-2　　　　　　　　　　T 值结果统计

置信水平	无滞后模型		滞后一期模型	
	异常值处理	无处理	异常值处理	无处理
1%	91.2%	90.4%	31.2%	33.8%
5%	94.0%	93.0%	43.2%	45.2%
10%	96.0%	94.8%	50.0%	51.2%

注：对于异常值的处理采用均值标准差修正法，将收益率偏离均值正负 5 倍标准差以上的值拉回到其上下界限。

从表 3-2 可以看出，对于无滞后模型，行业因子对于股票收益率的解释非常有效，超过 90% 的个股收益均能被其所在行业的收益率所解释，且此时的常数项 α 不显著。对于滞后一期模型，从预测角度分析，行业因子对 50% 的个股收益率有预测性。同时，基于表 3-2 我们发现，收益率异常值的处理与否对结果的影响不是很明显。综上所述，在投资组合管理中，行业配置的有效性和重要性都十分明显。

根据 Fama 和 French（1973）的文章思路，在对个股进行时间序列回归得到各因子的 Beta 值，即因子的风险溢价（Risk Premium）后，需要对个股的风险溢价进行截面回归，结果如表 3-3 所示，行业因子的风险溢价均在 1% 的水平下显著。综上所述，行业因子对股票的超额收益具有很强的解释力，行业配置在投资组合中十分必要。

表 3-3　　　　　　　　风险溢价截面回归结果

回归模型：$\bar{R}_i = \alpha_i + \lambda_1\beta_1 + \lambda_2\beta_2 + \lambda_3\beta_3 + \lambda_4\beta_4 + \varepsilon_i$
R-squared：0.292；Adj. R-squared：0.286；F-statistic：50.97；Prob：6.16e-36

	Coef	Std. err	t-value	P>|t|
Const	0.3482	0.020	17.118	0.000
β_1	-0.3889	0.032	-12.097	0.000
β_2	-0.0745	0.043	-1.740	0.082
β_3	-0.0200	0.052	-0.385	0.700
β_4	-0.3704	0.031	**-12.011**	**0.000**

第四节　实证分析Ⅱ：特征向量中心度与 BL 模型最优投资组合权重关系

由行业间收益率相关系数作为连接边的网络本质上是一个完全网络，因此网络含有太多的冗余信息，而单纯地设定一个阈值来删除节点连线的方法过于粗糙，且缺乏理论依据，故本章利用最小生成树算法剥离出完全网络的核心骨架。树是图论中最重要的概念之一，是基尔霍夫在解决电路理论中求解联立方程问题时首先提出的。树本身具有很好的性质且拓扑结构简单。Mantegna（1999）首次将最小生成树网络引入金融领域，并对美国 S&P500 的成分股进行关联性研究。在中国金融市场的研究中，最小生成树网络也屡见不鲜（尹群耀等，2013；欧阳红兵和刘晓东，2015）。

在实证分析之前，本节首先消除一个疑虑：行业配置为什么不直接使用 Peralta 和 Zareei（2016）提出的使用最小方差模型[①]与复杂网络相结合的方法，而改用 BL 模型与复杂网络相结合？为此，

---

① 和均值—方差模型相比，最小方差模型不考虑预期收益，目标仅仅是最小化投资组合的方差风险。

◇ 金融市场行业风险传染与资产配置

我们直接将行业收益率代替个股收益率输入最小方差模型，发现原文中最小方差投资组合比例和特征向量中心度呈线性关系的结论完全消失，如图 3-1 所示，而且特征向量中心度最大的行业在配置中比例较大，与原文假设不符。再一次验证了最小方差模型在行业配置中的缺陷。

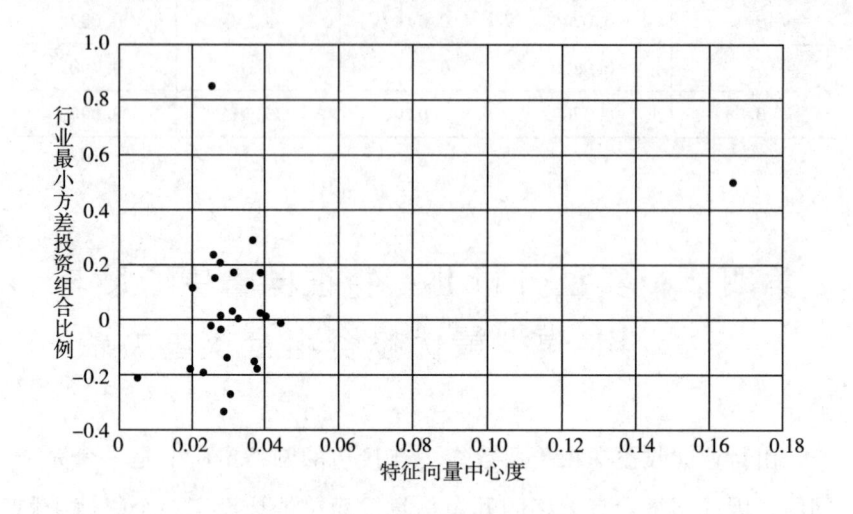

图 3-1 最小方差投资组合比例与特征向量中心度关系

接下来本章开始分析 BL 模型行业配置的最优投资组合权重与特征向量中心度的关系。利用 2007 年 4 月至 2017 年 3 月申银万国的行业指数作为样本内训练数据。2017 年 4 月至 2019 年 3 月作为样本外测试数据，评估模型的投资表现。关于样本外的数据范围的确定，由于 2017 年 4 月至 2018 年 3 月包含了上涨和下跌两个时期（见图 3-2 和图 3-3），具有一定的代表性，故选择该时间范围进行样本外的检验。稳健性检验部分将样本外数据延长到 2019 年 3 月。行业网络的构建方面，本章采取滚动式构建网络，即当确定 2017 年 4 月投资行业时，利用 2007 年 4 月至 2017 年 3 月共十年的月度数据构建网络；确定 2017 年 5 月投资行业时，利用 2007 年 5 月至 2017 年 4 月共十年的月度数据构建网络，以此类推。关于滚动时间窗口的选择,本章亦考虑 8 年和 12 年期的时间窗口,其结果与 10 年期的时间窗口一致。滚动式预测及时地将最新的市场价格信息包含到模型中,提高了模型的预测能力。

图 3-2 样本外市场行情走势(上证综合指数)

图 3-3 样本外市场行情走势(深证综合指数)

实证分析中,本章借鉴文献 Peralta 和 Zareei(2016)的做法不考虑节点 i 的自相关性,即节点 i 不与自己相连。首先,利用最小生成树算法将基于收益率相关系数的完全网络去除冗余信息。由于网

◇ 金融市场行业风险传染与资产配置

络的构建采用数据滚动的方法，故样本外 2017 年 4 月至 2018 年 3 月每月构建不同的最小生成树，具体结构如图 3-4 所示。从图中可以看出，虽然用数据滚动来构建网络，但是网络的结构仍然比较稳定，每一期相较上一期，网络拓扑结构不会有很大变化，这就意味着每个月的行业配置种类和比例虽然会发生变化，但变化不会很大。其次，根据不同月份的最小生成树结构计算每个网络节点特征向量中心度，计算如式（3-1）所示，计算结果如表 3-4 所示。最后，结合网络结构和特征向量中心度可以发现：化工、银行和建筑材料等行业具有较高的中心性，其收益率关联行业较为丰富。建筑材料、化工等行业属于制造业上游企业，易与其他行业产生关联。银行是金融行业的中心，易与其他行业产生债务关系，故上述行业的网络中心度较高。中心度变化较为稳定的行业有传媒、食品饮料、交通运输、通信、医药生物等，主要为涉及民生类的行业。处于中间中心度且中心度波动较小的行业有传媒、食品饮料、通信、医药生物。具体分类如表 3-5 所示。

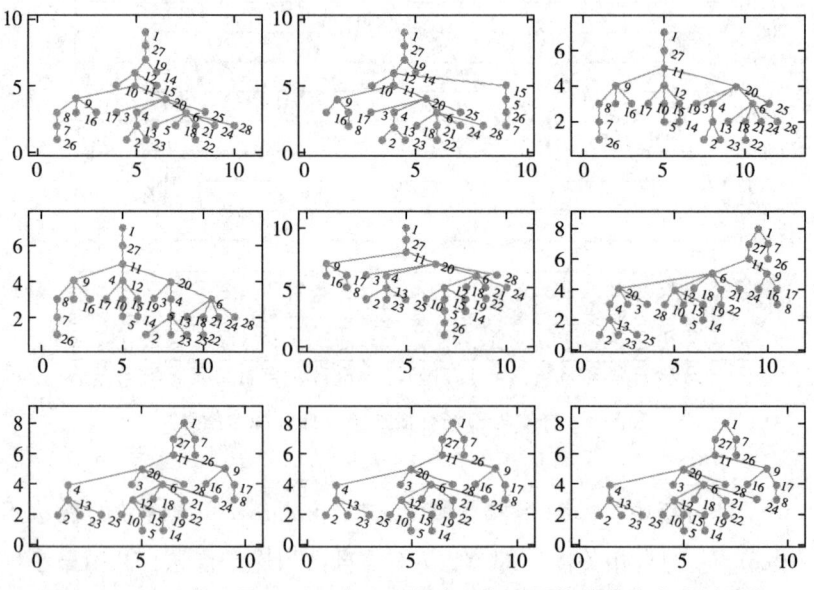

图 3-4 2017 年 4 月至 2018 年 3 月每个月行业网络的最小生成树结构

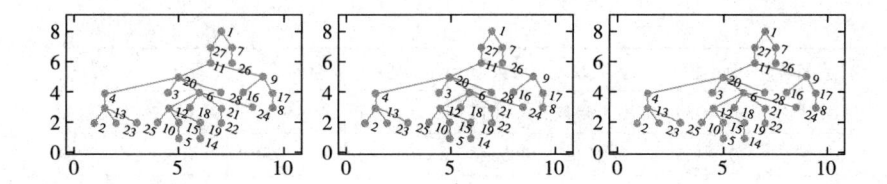

图 3-4 2017 年 4 月至 2018 年 3 月每个月行业网络的最小生成树结构（续）

注：从左至右、从上到下依次代表样本外 12 个月最小生成树结构；1—28 号节点分别代表行业：采掘、传媒、电气设备、电子、房地产、纺织服装、非银金融、钢铁、公用事业、国防军工、化工、机械设备、计算机、家用电器、建筑材料、建筑装饰、交通运输、农林牧渔、汽车、轻工制造、商业贸易、食品饮料、通信、休闲服务、医药生物、银行、有色金属和综合。

表 3-4　　2017 年 4 月至 2018 年 3 月 28 个行业的月度中心度值的描述性统计

行业名称	最小值	中位数	最大值	均值	标准差	偏度	峰度
采掘	0.0031	0.0759	0.7600	0.1610	0.3228	0.7822	1.4369
传媒	-0.0408	0.0030	0.0816	0.0249	0.0389	0.2297	2.0006
电气设备	-0.1401	0.0144	0.2173	0.0749	0.1137	-0.1962	2.1066
电子	-0.1356	0.0142	0.2555	0.0866	0.1269	0.0262	1.8294
房地产	-1.2001	0.0065	0.1615	-0.1713	0.4166	-2.0637	6.2572
纺织服装	-1.0328	0.0309	1.0048	0.1256	0.4703	-0.8522	6.7593
非银金融	-0.7480	-0.1456	0.0357	-0.2649	0.3437	-0.3292	1.1091
钢铁	-0.2769	-0.0333	0.0304	-0.0894	0.1239	-0.5107	1.2877
公用事业	-0.4995	-0.1213	0.0291	-0.1775	0.2181	-0.2978	1.0641
国防军工	-0.5203	0.0244	0.9995	0.1660	0.3188	0.6599	5.2108
化工	0.0206	0.2465	0.9007	0.3361	0.3355	0.3742	1.3419
机械设备	-1.5124	0.0158	0.8519	-0.2112	0.5813	-0.6882	4.9973
计算机	-0.2584	0.0071	0.1314	-0.0715	0.1317	-0.3499	1.6576
家用电器	-0.3628	0.0053	0.2003	-0.0574	0.1419	-0.5491	4.3664
建筑材料	-0.3990	0.0209	1.3757	0.1988	0.4490	1.8311	7.2135
建筑装饰	0.0124	0.1317	0.4557	0.1612	0.1620	0.5152	1.8035
交通运输	0.0084	0.0724	0.2648	0.1110	0.1107	0.4035	1.1386

◆ 金融市场行业风险传染与资产配置

续表

行业名称	最小值	中位数	最大值	均值	标准差	偏度	峰度
农林牧渔	-0.4034	0.0054	0.4017	-0.0495	0.1926	0.6177	5.6492
汽车	-0.3322	0.0142	0.5143	0.0980	0.2125	0.0945	4.3264
轻工制造	-0.6213	0.0248	0.3840	-0.1742	0.3315	-0.0543	1.5780
商业贸易	-0.4095	0.0033	0.4155	-0.0563	0.2024	0.6628	5.2754
食品饮料	-0.2012	0.0085	0.2116	0.0375	0.1025	-0.6773	5.1637
通信	-0.0487	0.0044	0.0979	0.0295	0.0469	0.2635	1.9329
休闲服务	-0.3743	0.0056	0.4177	-0.0474	0.1933	0.8515	5.7152
医药生物	-0.0326	0.0119	0.1373	0.0352	0.0472	0.8070	3.4127
银行	0.0033	0.1184	1.1941	0.2304	0.3459	2.2627	8.7140
有色金属	-1.3936	-0.1529	0.0649	-0.4878	0.6346	-0.5958	1.2938
综合	-0.1064	0.0097	0.1831	0.0439	0.0964	0.2081	1.8835

表 3-5　　　　　　　按中心度统计指标对行业进行分类

中间中心度行业	中心度位于两端极值的行业	中心度稳定的行业	中心度波动较大的行业	中间中心度且较为稳定的行业
传媒、农林牧渔、汽车、食品饮料、通信、医药生物、综合	化工、银行、建筑、材料、有色金属、机械设备、非银金融	传媒、电气设备、食品饮料、交通运输、通信、医药生物、综合	房地产、纺织服装、非银金融、机械设备、建筑材料、银行、有色金属	传媒、食品饮料、通信、医药生物、综合

注：上述行业的选取均按照相关指标（均值和标准差）进行排序选取。

此外，本章挑选出电子、房地产、银行、非银金融、计算机、休闲服务和农林牧渔7个行业对其特征向量中心性的动态变化规律（见图3-5）进行分析。从图3-5可以看出，金融业（包括银行和非银金融行业）和房地产行业的中心度的波动范围远大于其他行业，休闲服务和农林牧渔等行业的中心度的波动范围较小。电子行业和计算行业的波动范围处于两者之间。究其原因，金融行业和房地产行业的股票价格易受宏观经济和大盘波动的影响，处于行业网络中的中心位置，其关联行业也较多，故波动性较大。而休闲服务和农林牧渔等行业与其他行业的关联度较小，行业中心度较低，故中心度的波动性较小。本章正是根据不同行业在不同时期的中心度进行行业配置。

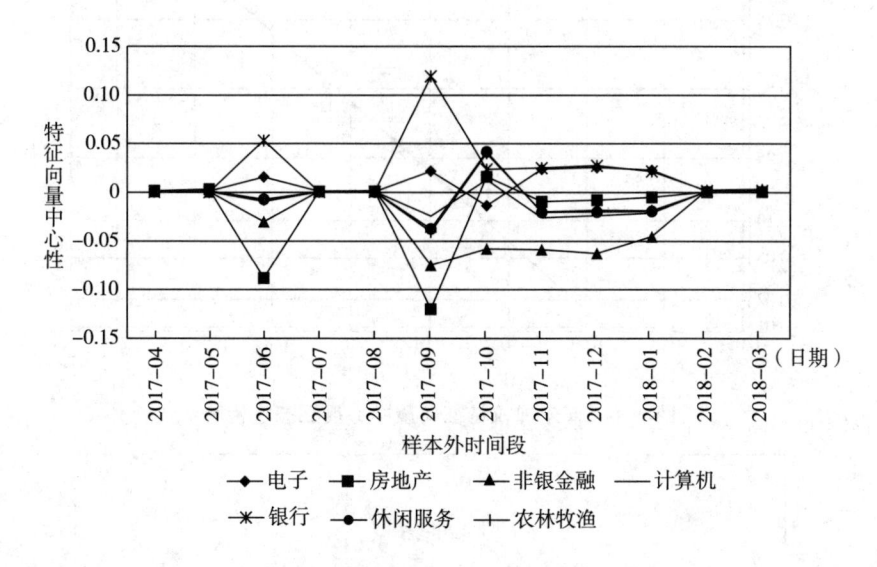

图 3-5　部分行业中心性随时间变化趋势

接下来本章对特征向量中心度（以下简称中心度）的分布进行检验，结果如图 3-6 所示，显示满足正态分布，这为后文 BL+Network 行业配置模型的建立提供了依据。图 3-7 和图 3-8 给出基于最小生成树行业网络下的中心度与 BL 模型（主观观点为移动平均模型）投资比例之间的关系网络图。由于 12 个月行业配置比率均会调整，会产生 12 幅网络图。由于篇幅所限，随机挑出 2 个月（2017 年 4 月和 2017 年 9 月）的关系图进行展示。依据第一节理论模型的指导（最优资产配置权重与网络特征向量中心度的绝对值呈反比关系），我们既不能过多地配置以深色为代表的较小中心度行业，也不能过多地配置以浅色为代表的较大中心度行业，而应该配置以中间灰度色为代表的中间中心度的行业，12 个月的实证投资组合结果和理论推导结果基本一致。

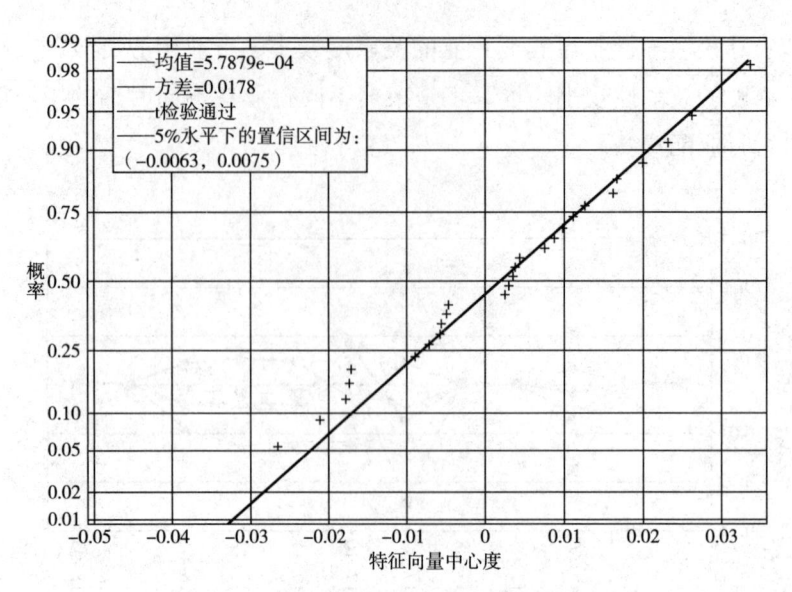

◆ 金融市场行业风险传染与资产配置

图 3-6 误差加权特征向量中心度正态性检验

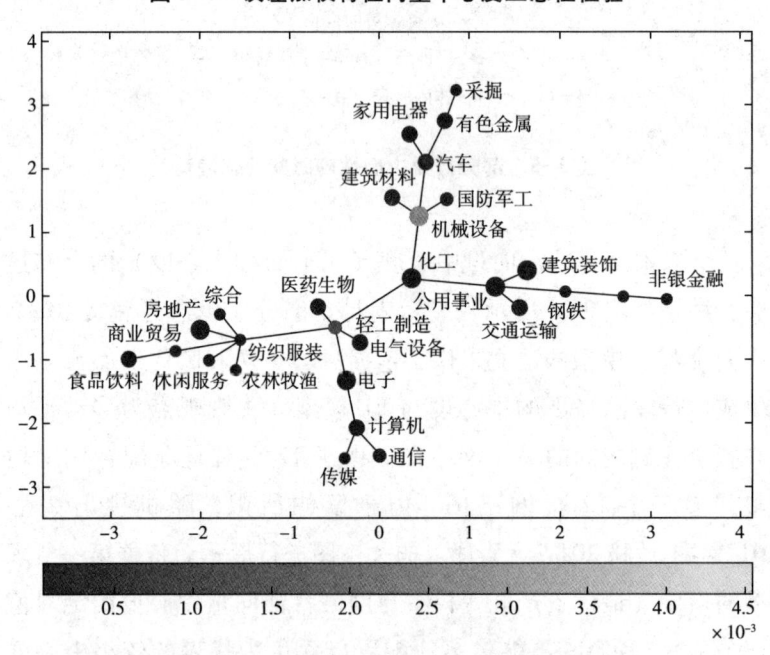

图 3-7 中心度与 BL 模型[主观观点为移动平均模型（MA）]
投资比例之间的关系网络（2017 年 4 月）

注：圆圈大小代表投资比例的多少，灰度条的灰度从深到浅表示特征向量中心度的由小到大递增的过程，下同。

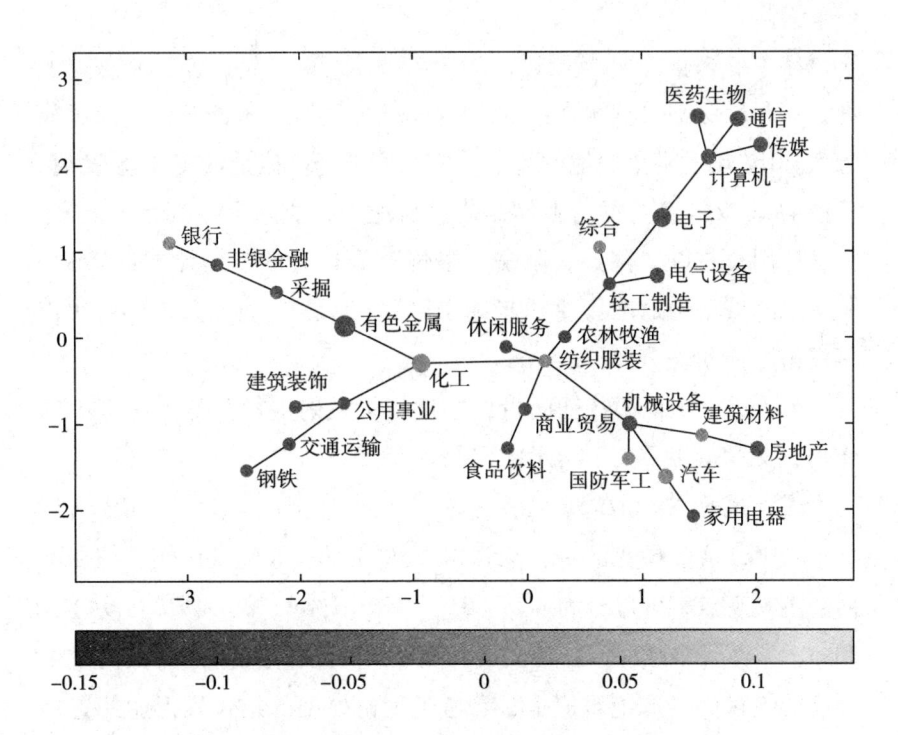

图 3-8 中心度与 BL 模型[主观观点为移动平均模型（MA）]投资比例之间的关系网络（2017 年 9 月）

从图 3-7 可以看出，在预测的 2017 年 4 月的行业网络中，银行、食品饮料和机械设备等金融行业和上游制造业还是属于中心度绝对值较高的节点（网络图中，不是处于中间位置，连接其他节点多的节点才是中心度高的节点，因为网络经过 MST 算法过滤，只有节点灰度最深和最浅的节点才是中心度绝对值高的节点），故从风险分散的角度，上述行业配置比例较低。但是，由于网络中心度与行业配比不是严格意义上的线性关系，故也存在例外情况，如机械设备行业，其虽处于行业中心度较高的位置，但依然有较大的行业配比。究其原因，机械设备行业在 2017 年上半年处于高速增长阶段，2017 年 1—3 月机械设备销量同比增长 80% 以上，增速也是 2002 年以来新高。而备受关注的房地产行业在预测 2017 年 4 月的行业网络中属于中心度中间位置的节点，进一步分析发现，2016 年

◇ 金融市场行业风险传染与资产配置

全国楼市迎来史上最严调控，2016年9月30日起，包括北京、上海、广州、深圳、杭州在内的19个城市限购政策不断升级。故可能导致2017年上半年房地产行业的中心度下降。但是从图3-8发现，预测的2017年9月的行业网络中，房地产行业的中心度有所上升。究其原因，在以"限购、限贷、限价"为核心的紧缩调控政策后，一、二线城市房地产行业"量缩价平"，但是三、四线城市在2017年迎来"量价齐升"。

为了进一步说明特征向量中心度指标在确定行业配置比例中的作用，文章运用了如下所示的回归方程：

$$\omega_{BL}=\beta_0+\beta_1|v_i|+\beta_2 SR_i+\varepsilon_i \tag{3-15}$$

其中，被解释变量 ω_{BL} 表示BL模型下的行业配置比例，依据不同的主观观点，可以分为 $\omega_{BL}[BL(GARCH)]$、$\omega_{BL}[BL(MA)]$ 和 $\omega_{BL}[BL(SVM)]$ 三种。解释变量 $|v_i|$ 表示行业 i 的特征向量中心度的绝对值（取绝对值是、参考了理论模型的结果，行业配置比例和中心度的绝对值成反比），解释变量 SR_i 表示行业的夏普比率。参考 Peralta 和 Zareei（2016），β_1 和 β_2 分别表示最优行业配置比例中的系统风险部分和个体风险部分。回归结果如表3-6所示。

表3-6　　　　BL模型最优投资比例的回归结果

	$\omega_{BL(GARCH)}$	$\omega_{BL(MA)}$	$\omega_{BL(SVM)}$
$|v_i|$	−0.0152 (−2.41)**	−0.0143 (−3.85)***	−0.0152 (−2.96)***
SR_i	0.4728 (3.29)***	0.3679 (4.25)***	0.3622 (3.47)***
N	336	336	336
R^2	0.169	0.226	0.184

注：(1) ω_{BL} 表示BL模型下的行业配置比例，依据不同的主观观点，可以分为 $\omega_{BL}[BL(GARCH)]$、$\omega_{BL}[BL(MA)]$ 和 $\omega_{BL}[BL(SVM)]$ 三种。$|v_i|$ 表示行业 i 的特征向量中心度的绝对值（取绝对值是参考了理论模型的结果，行业配置比例和中心度的绝对值成反比），SR_i 表示行业的夏普比率。(2) ***、**、* 分别表示1%、5%和10%的显著性水平。

通过表3-6，我们可以发现β_1和β_2均通过显著性检验，且中心度的系数β_1显著为负，表示BL模型下的最优投资比例与中心度的绝对值呈负相关，这与我们的理论结果一致。夏普比率的系数β_2显著为正，表示BL模型下的最优投资比例倾向于配置夏普比率较大的行业，此结果与现实情况相符。表3-6同时也说明了中心度指标在行业配置比例确定中的重要作用。图3-9给出了行业中心度指标与行业收益率的CAPM模型的Beta系数之间的关系。图3-9也粗略地反映了行业中心度指标的绝对值越高，对应行业系统风险越大的结论。

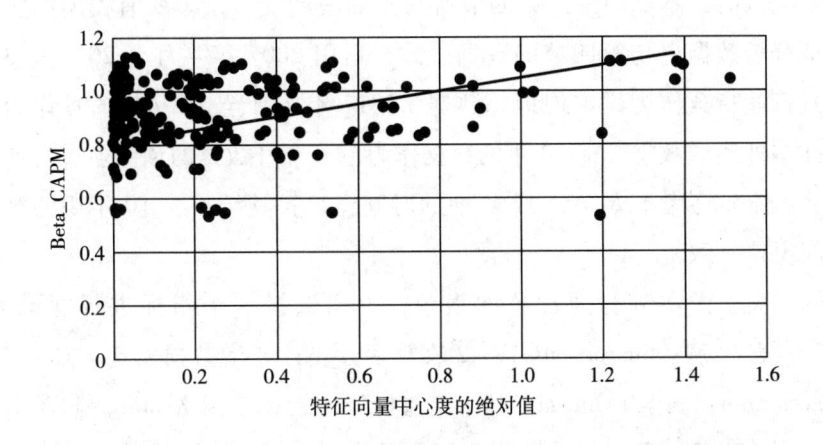

图 3-9 中心度指标与 CAPM 模型中的 Beta 系数之间的关系

第五节　实证分析Ⅲ：BL+Network 行业配置模型

前文的第三节和第四节分别从理论和实证两个角度证明了BL模型最优资产配置权重与网络特征向量中心度的绝对值成反比。现在我们提出一种BL模型和复杂网络相结合的行业配置方法，简称BL+Network行业配置模型。该模型的思想是"先筛选后配比"。具体而言，首先运用复杂网络方法构建行业相关系数的复杂网络，然后计算每个行业的特征向量中心度，筛选出中心度绝对值较低的行业（由于特征向量中心度满足正态分布，故中心度绝对值较低的行业就是中间中心度的行业），最后运用BL模型计算具体每个行业的配置比例。关于行业筛选的具体个数，本章将在实证分析中解释说明。

为了验证BL+Network模型的有效性，本章选取传统的行业配置模型：Naïve模型（各行业的投资比例相同）、均值—方差模型、最小方差模型、BL模型进行比较。在计算后三个模型每个月的行业配置比例时，本章亦采用第四节所采用的滚动式方法。所有模型的实证分析数据也与第四节的数据一致，运用2007年4月至2017年3月行业指数作为样本内训练数据，2017年4月至2019年3月作为样本外测试数据。前10年的数据作为下一个月数据的预测值进行计算，本章亦考虑8年和12年期的时间窗口，其结果与10年期的时间窗口一致。

关于样本外行业配置的表现，本章选择三个指标进行度量：①夏普比率（Sharpe ratio）；②收益率方差；③增益损失比（Gain-Loss ratio），记为Omega。其中增益损失比指标是由Keating和Shadwick（2002）首次提出，度量了平均收益与平均损失的比率关系，Omega值越大，证券表现越好，具体计算为

$$Omega_i = \frac{(1/T) \sum_{t=1}^{T} \max(0, r_{t,i} - r_f)}{(1/T) \sum_{t=1}^{T} \max(0, r_f - r_{t,i})} \quad (3-16)$$

BL模型在构建时需要输入主观观点数据，本章选取三类主要观点：以支持向量机（SVM）为代表的机器学习模型、以GARCH模型为代表的时间序列模型和以移动平均（Moving Average，MA）模型为代表的中性观点模型，分别记为BL（SVM）、BL（GARCH）和BL（MA）。上述三种观点均为绝对观点，即给出每一个行业的收益率预测值。SVM模型预测中，以2007年4月至2017年3月行

业收益率为训练数据输入 SVM 网络中，2017 年 4 月到 2018 年 3 月行业收益率为预测数据。GARCH 预测模型如下，$r_t = \beta_0 + \sum_{i=1}^{120} \beta_1 r_{t-i} + \alpha_t$，其中 $\alpha_t = \sigma_t \varepsilon_t$，$\sigma_t^2 = \gamma_0 + \sum_j \gamma_j \alpha_{t-j}^2 + \sum_k \tau_k \sigma_{t-k}^2$，$j$ 和 k 的值由 AIC 准则确定。移动平均模型中，$r_t = (\sum_{i=1}^{120} r_{t-i})/120$。观点误差矩阵 Ω 采用 Idzorek（2007）提出的误差矩阵设定方法，具体见式 (3-17)，其中 LC_k 表示第 k 个观点的信心水平大小，即对第 k 个行业收益率预测准确度的信息水平大小，具体计算用预测值和真实收益率之间的相关系数表示；CF（Calibration Factor）为标准刻度因子，计算公式如式（3-18）所示。三种观点模型对 28 个行业 2017 年 4 月至 2018 年 3 月的每个月收益率均进行了预测，由于数据较多，故只汇报预测的 28 个行业年平均收益率（见附录 B）。

$$\Omega = \begin{bmatrix} CF/LC_1 & \cdots & 0 \\ \vdots & \ddots & 0 \\ 0 & 0 & CF/LC_{28} \end{bmatrix} \quad (3-17)$$

$$CF = \frac{I \Sigma I'}{2}，I \text{ 为所有元素均为 1 的 } 1 \times 28 \text{ 的列向量。} \quad (3-18)$$

传统行业配置模型的样本外收益表现如表 3-7 所示。令人惊讶的是，在个股配置中表现十分优异的 1/N 模型在行业配置中表现较差，年收益的夏普比率为负值。此外，均值—方差模型的夏普比率也为负值，但是最小方差模型的夏普比率为正。此结果间接说明了行业配置中，最小化风险的作用要大于获取高期望收益。基于三种观点的 BL 模型表现较好，夏普比率均为正值，其中基于移动平均的中性观点表现最突出，其夏普比率明显高于其他两种观点。

表 3-7　　　　　传统行业配置模型样本外收益率

时间	1/N 模型	MV 模型	Min-V 模型	BL (GARCH) 模型	BL (MA) 模型	BL (SVM) 模型
2017-04	-0.0351	-0.09004	-0.05681	-0.0316	-0.02336	-0.02674

◆ 金融市场行业风险传染与资产配置

续表

时间	1/N 模型	MV 模型	Min-V 模型	BL（GARCH） 模型	BL（MA） 模型	BL（SVM） 模型
2017-05	-0.0469	-0.0509	0.068128	-0.0428	-0.01639	-0.04011
2017-06	0.0432	0.050526	0.217576	0.0490	0.039031	0.047659
2017-07	0.0113	0.155548	0.076737	0.0276	0.028705	0.031279
2017-08	0.029	0.004552	-0.04298	0.0313	0.038751	0.03283
2017-09	0.0142	-0.1745	0.012375	0.0176	0.015803	0.01811
2017-10	0.004	0.083156	0.074148	0.0134	0.009781	0.008235
2017-11	-0.0355	-0.47025	0.083917	-0.0340	-0.03495	-0.03299
2017-12	-0.005	-0.03433	-0.04684	-0.0023	0.000196	-0.00133
2018-01	0.0105	0.100866	0.150276	0.0144	0.012852	0.012724
2018-02	-0.0431	-0.04685	-0.04539	-0.0436	-0.0155	-0.04014
2018-03	-0.0307	0.04185	-0.46597	0.0165	0.020901	0.0161
平均收益率	-0.0070	-0.03586	0.002098	0.0013	0.0063	0.0021
夏普比率	**-0.2314**	-0.2187	0.0123	0.0408	**0.2581**	0.0704
方差	**0.000917**	0.026894	0.02905	0.000998	**0.000599**	0.00092

接下来本章进行 BL+Network 行业配置模型的实证分析，选取传统行业配置模型中表现较为优异的 1/N 模型、BL（GARCH）模型、BL（MA）模型和 BL（SVM）模型分别对网络方法筛选后的行业进行投资组合分析。具体步骤为：将 28 个行业依据特征向量中心度分为低中心度（LowC）、中间中心度（MidC）和高中心度（HighC）三组，分别由前述模型计算配置比例。由式（3-12）可知，理论上，BL 模型的行业配置比例与中心度呈二次非线性关系，且二次项系数显著为负，故在投资组合中既不能只选取中心度高的行业，也不能只选取中心度低的行业，应更多地配置中间中心度的行业。为了检验理论模型的正确性，本章分别计算三组不同中心度行业（LowC 9 个行业、MidC 9 个行业、HighC 10 个行业）在不同模型下的平均收益率、夏普比率等指标，结果如表 3-8 所示。

表 3-8　2017 年 4 月至 2018 年 3 月样本外 BL+Network 行业配置模型的表现

投资策略	平均收益	夏普比率	增益损失比	方差
Tradition				
1/N	-0.007010	**-0.2314**	0.5716	**0.000917**
BL（GARCH）	0.001289	**0.0408**	0.5239	**0.000997**
BL（MA）	0.006319	**0.2581**	1.8407	**0.000599**
BL（SVM）	0.002134	**0.0704**	0.5415	**0.000919**
1/N+Network				
1/N-MidC	0.001721	**0.0564**	1.1388	**0.000930**
1/N-LowC	-0.008525	-0.3277	0.4288	0.000676
1/N-HighC	-0.003056	-0.098	0.7768	0.000972
1/N-HSR	-0.004946	-0.1792	0.5874	0.000802
BL+Network				
BL（GARCH）-MidC	0.005183	**0.15**	0.5925	**0.001193**
BL（GARCH）-LowC	0.004308	0.0856	0.551	0.002531
BL（GARCH）-HighC	-0.004333	-0.0723	0.4557	0.003595
BL（GARCH）-HSR	0.001305	0.03056	0.4938	0.003078
BL（MA）-MidC	0.024765	**0.5466**	4.2366	**0.002052**
BL（MA）-LowC	0.013375	0.3654	0.7218	0.001340
BL（MA）-HighC	0.004961	0.0978	0.5625	0.002572
BL（MA）-HSR	0.00812953	0.1972	0.6146	0.001973
BL（SVM）-MidC	0.004373	**0.1311**	0.5818	**0.001113**
BL（SVM）-LowC	0.004095	0.0871	0.5535	0.002212
BL（SVM）-HighC	6.707E-05	0.001	0.5007	0.004228
BL（SVM）-HSR	0.001539	0.0274	0.0516	0.002965

注："1/N+Network"表示，先用复杂网络方法进行行业筛选，再用 1/N（等权）模型进行行业配比。

从表 3-8 可以看出，首先，个股配置中表现较好的 1/N 模型在行业配置中却表现不佳，甚至出现了夏普比率为负的样本外表现，BL（MA）模型是传统模型中夏普比率表现最好的。其次，分别对比 1/N 模型、1/N-MidC 模型和 1/N-HSR 模型（HSR 表示选择历史夏普比率表现最好的9个行业）；BL（GARCH）模型、BL（GARCH）-MidC 模型和 BL（GARCH）-HSR 模型；BL（MA）模型、BL（MA）-MidC 模型和 BL（MA）-HSR 模型；BL（SVM）模型、BL（SVM）-MidC 模型和 BL（SVM）-HSR 模型，发现基于网络方法筛选后的行业配置表现在平均收益率、夏普比率和增益损失比指标上均要优于传统行业配置模型。筛选方法上，基于中心度指标的行业筛选要明显优于基于历史最优夏普比率指标的筛选。其中 BL（MA）-MidC 是基于不同主观观点的 BL 模型中表现最好的模型。但是，由于网络方法对行业进行了初步筛选，导致投资标的行业数量减少，所以网络模型带来收益率方差要比传统模型大，且增加的比率要高于收益率的增加。究其原因，行业指数的方差基数较小，故收益率和夏普比率的增加会显著地带来投资组合的方差增大。进一步分析，夏普比率表现最好的 BL（MA）-MidC 模型相比传统 BL（MA）模型，夏普比率提高了一倍。最后，再比较处于不同中心度行业的投资结果，发现无论何种行业配置模型，均是投资于中间中心度的行业带来的投资回报（夏普比率等）最大，且没有带来投资方差的显著增大。本章还给出样本外每个月在不同模型、不同中心度下的投资收益率表现，如图 3-10 至图 3-13 所示。

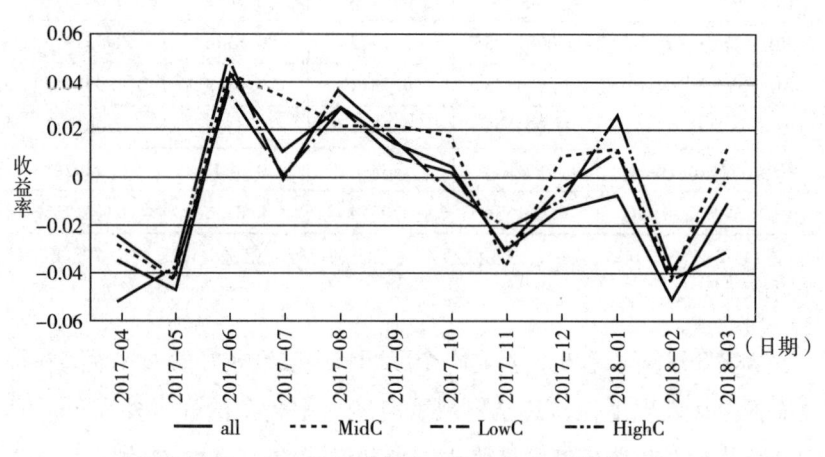

图 3-10　1/N 网络投资模型月收益率（不同中心度）

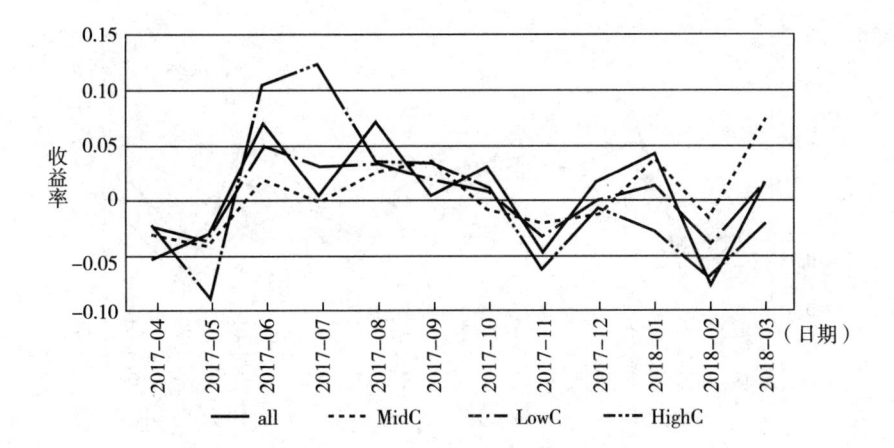

图 3-11　BL（SVM）网络投资模型月收益率（不同中心度）

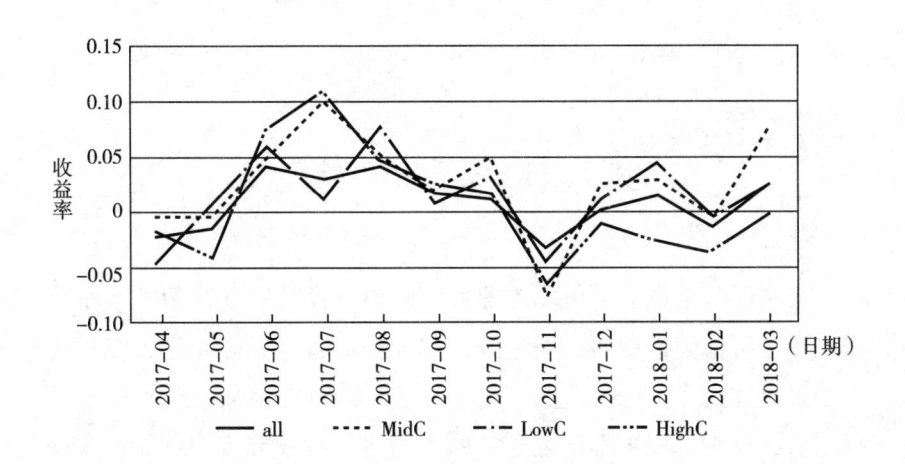

图 3-12　BL（MA）网络投资模型月收益率（不同中心度）

结合表 3-8 所反映的结论，从图 3-9 至图 3-12 可以看出，1/N 模型和 BL（MA）模型配置中间中心度行业所带来的高夏普比率是由于其个别月份获得较高的超额回报率。而 BL（SVM）模型和 BL（GARCH）模型配置中间中心度行业所带来的高夏普比率是由于每个月稳定的较好投资收益表现。

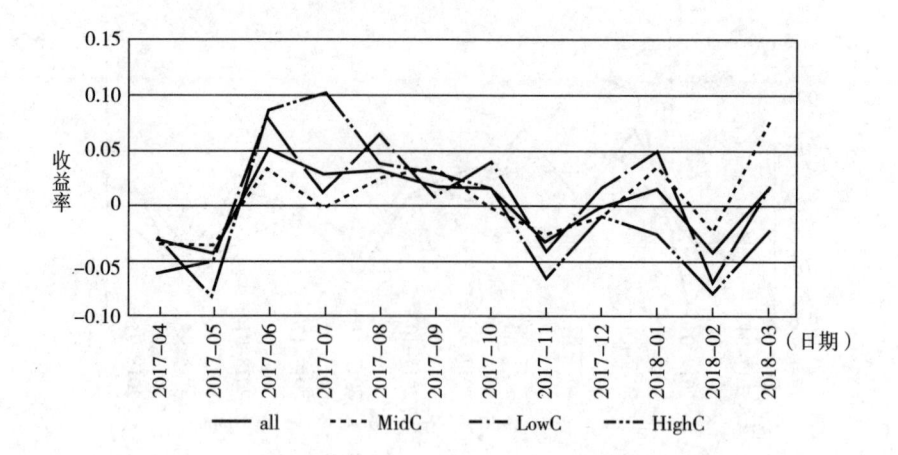

◆ 金融市场行业风险传染与资产配置

图3-13 BL（GARCH）网络投资模型月收益率（不同中心度）

注：图3-10至图3-13中"all"表示所有行业，"MidC"表示中间中心度行业，"LowC"表示低中心度行业，"HighC"表示高中心度行业。

第六节 稳健性检验

在实证结果也支持更多地配置中间中心度的行业之后，本小节进一步进行稳健性检验，缩小处于中间中心度的行业范围，使行业的配置更加的"中心化"。具体操作是，将中心度从小到大的顺序排列后，分别选取中心度位于最中间的7个行业和5个行业，观察模型表现，结果如表3-9所示。

表3-9 2017年4月至2018年3月样本外网络行业配置模型表现

（缩小中间中心度行业个数）

投资策略	平均收益	夏普比率	增益损失比	方差
网络指标筛选下1/N投资策略				
1/N-MidC-9	0.001721	**0.0564**	1.13884	0.000930
1/N-MidC-7	0.005087	**0.148**	1.417339	0.001180
1/N-MidC-5	0.00835	**0.2065**	1.656672	0.001634

续表

投资策略	平均收益	夏普比率	增益损失比	方差
网络指标筛选下 BL 投资策略				
BL（MA）-MidC-9	0.024765	**0.5466**	**4.236592**	0.002052
BL（MA）-MidC-7	0.027959	**0.64**	**6.103315**	0.001908
BL（MA）-MidC-5	0.020599	**0.5177**	**4.726464**	0.001584

注：本章将行业按中心度从小到大的顺序排列，MidC-9、LowC-9 和 HighC-10 分别表示选取中心度值位于中间区域的 9 个行业，中心度值位于最低区域的 9 个行业，中心度值位于最高区域的 10 个行业，然后按照平均配比进行行业配置；BL（MA）-MidC-5、BL（MA）-MidC-7 和 BL（MA）-MidC-9 表示选取中心度位于最中间的 5 个、7 个和 9 个行业，然后按照 BL（MA）模型的投资比率进行行业配置。

从表 3-9 中可以观察到，当进一步缩小中间中心度的行业数量时，基于 1/N 网络行业配置模型的夏普比率有了显著的提高，从 9 个中间中心度行业的夏普比率 0.0564 增加到 5 个中间中心度行业的夏普比率 0.2065，但是不可避免地带来了投资风险（方差）的增加，该实证结果与理论模型一致。最后本章将网络中心度行业配置与 BL 模型相结合，即在利用网络中心度进行行业选择之后，利用 BL 模型进行行业配比。结果发现虽然都是中间中心度集合的行业，但 BL 模型比 1/N 模型的投资组合夏普比率高出了两倍多，投资组合的 Omega 值也高出接近 3 倍。但是进一步缩小中间中心度的行业数量时，基于 BL+Network 行业配置模型的平均收益率、夏普比率、增益损失比甚至开始减小。究其原因，BL 模型带来投资表现提升是由于加入了主观观点，而不是投资数量的变化，而 1/N 模型由于更加集中地投资优势行业（中间中心度行业）后，带来了更好的投资回报。图 3-14 和图 3-15 给出了中间中心度行业个数从 28 个减少到 5 个时，平均收益率和夏普比率的变化趋势。从图 3-14 和图 3-15 可以看出，在最初中间中心度行业个数不断减少的过程中，平均收益率和夏普比率均有显著的增加，究其原因，特征中心度筛选出了风险程度较低的行业，使投资夏普比率有显著增加，尤其是在中间中心度行业从 15 个减少到 7 个过程中，夏普比率的增加速率最快。但

◆ 金融市场行业风险传染与资产配置

是进一步缩小中间中心度行业个数到 5 个时,并没有带来平均收益率和夏普比率的增加,反而有所下降。证明中间中心度行业个数的选取不是越少越好,因为数量过少达不到分散风险的作用。综上所述,基于特征向量中心度的投资策略需要兼顾单个行业的风险程度和多个行业的风险分散。

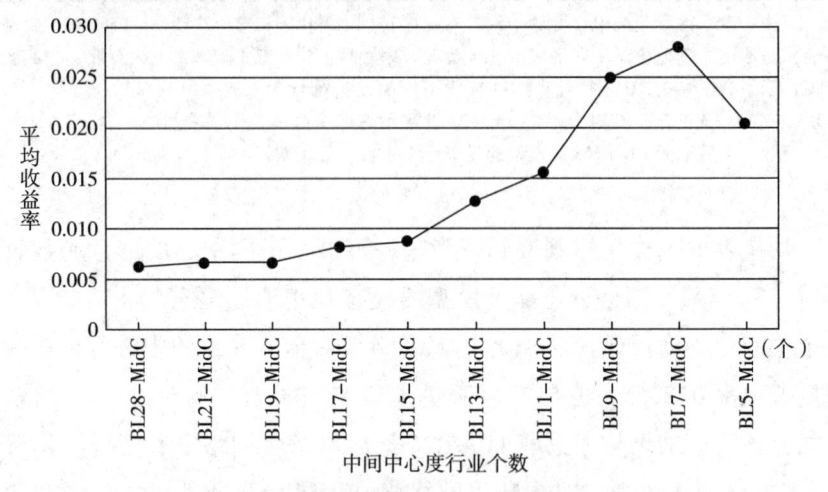

图 3-14 2017 年 4 月至 2018 年 3 月随着中间中心度行业个数的变化平均收益率变化趋势

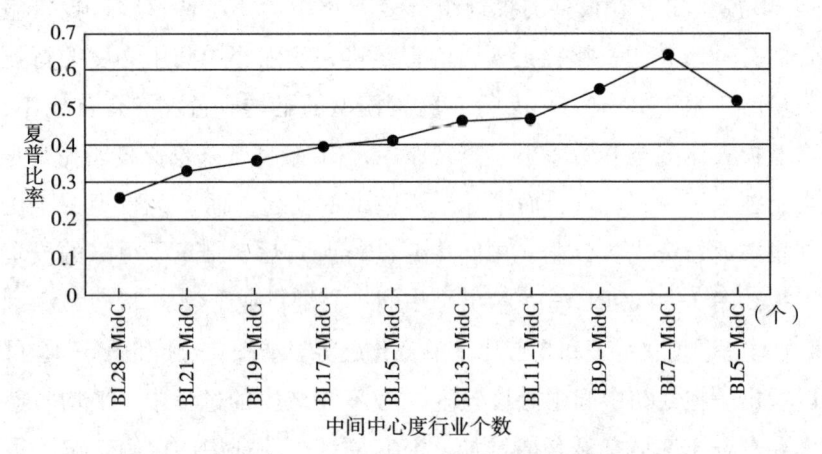

图 3-15 2017 年 4 月至 2018 年 3 月随着中间中心度行业个数的变化夏普比率的变化趋势

此外，本章还将样本外的检验数据延长一年（2018年4月至2019年3月）检验BL+Network行业配置模型的稳健性。主要研究结果与2017年4月至2018年3月的结果保持一致，特征向量中心度指标在行业配置上具有一定的参考价值，且运用BL模型对所选择的中间中心度行业进行具体配比计算，其结果（夏普比率和增益损失比）优于BL模型对高中心度和低中心度行业进行配比计算的结果。同时，BL+Network行业配置模型优于传统的行业配置模型（均值—方差模型、最小方差模型等）。但是在2017年4月至2018年3月的样本中"配置7个中间中心度行业结果最优"的结论在2018年4月至2019年3月的样本中没有体现。这表明，在行业配置中，对于中间中心度行业的具体配置个数问题没有一个确定的结论。这和现实情况也较为符合，因为如果我们采取其他的行业分类标准，总的行业个数可能大于28个或小于28个，具体结果如表3-10和表3-11所示。

表3-10　2018年4月至2019年3月样本外BL+Network行业配置模型的表现

投资策略	平均收益	夏普比率	增益损失比	方差
传统投资策略				
1/N	-0.00189	-0.02373	0.934814	0.006327
BL（GARCH）	0.008347	0.163118	1.594412	0.002619
BL（MA）	0.007108	0.28518	2.033731	0.000621
BL（SVM）	-0.00015	-0.00476	0.988748	0.000965
网络指标筛选下1/N投资策略				
1/N-MidC	0.007704	0.260657	1.820696	0.000874
1/N-LowC	-0.00414	-0.14985	0.67977	0.000763
1/N-HighC	-0.00317	-0.07687	0.812376	0.001701
网络指标筛选下BL投资策略				
BL（GARCH）-MidC	0.028427	0.349536	3.653785	0.006614
BL（GARCH）-LowC	-0.00667	-0.13044	0.735264	0.002614

续表

投资策略	平均收益	夏普比率	增益损失比	方差
BL（GARCH）-HighC	-0.00791	-0.14234	0.70185	0.00309
BL（MA）-MidC	0.042058	0.940918	11.87593	0.001998
BL（MA）-LowC	-0.00833	-0.22727	0.541711	0.001342
BL（MA）-HighC	-0.00318	-0.06631	0.833402	0.002295
BL（SVM）-MidC	0.017657	0.390617	2.824058	0.002043
BL（SVM）-LowC	-0.00321	-0.07908	0.817158	0.001644
BL（SVM）-HighC	-0.00753	-0.12261	0.719365	0.003774

表3-11　2018年4月至2019年3月样本外样本外网络行业配置模型表现（缩小中间中心度行业个数）

投资策略	平均收益	夏普比率	增益损失比	方差
网络指标筛选下1/N投资策略				
1/N-MidC-9	0.007704	0.260657	1.820696	0.000874
1/N-MidC-7	0.014003	0.306403	2.147016	0.002089
1/N-MidC-5	0.016266	0.392148	2.483781	0.00172
网络指标筛选下BL投资策略				
BL（MA）-MidC-9	0.042058	0.940918	11.87593	0.001998
BL（MA）-MidC-7	0.042486	0.887194	12.69604	0.002293
BL（MA）-MidC-5	0.034633	0.692105	9.166446	0.002504

为了防止一条数据路径对投资组合策略稳健性的影响，本章挑选了样本外数据中一个自然年（2018年）数据再次进行样本外检验，结果如附录C所示，依然稳健。

第七节　本章小结

本章在理论方面，将BL资产配置模型与网络方法相结合，给出了特征向量中心度与BL模型最优资产组合权重的非线性关系。

由于模型中引入了特征向量中心度的二次项，从而将 Peralta 和 Zareei（2016）理论模型结论延拓到特征向量中心度为负值的情况。实证方面，首先运用最小生成树网络寻找特征向量中心度和 BL 模型最优资产组合权重之间的关系。其次分析传统行业配置模型样本外的表现，发现 BL（MA）模型在传统模型中表现最优。最后实证与理论相结合，提出 BL+Network 行业配置模型，其对应的投资策略是：在行业配置过程中，我们应先筛选出特征向量中心度处于中位数附近的行业，然后运用 BL（MA）模型进行配比计算。这样的配置在夏普比率、增益损失比等指标上优于其他基准模型。

网络方法的引入使得投资组合问题在结论一致、稳定的前提下，分散了投资风险，提高了投资者对于行业关联风险的感知，尤其是以个体投资者为代表的中小型投资者市场。但是复杂网络方法的应用也存在一定的局限性，由于网络构建的方式不同，也就存在不同的局限性。本章初始网络的构建采用的是行业指数序列的相关系数，那么在证券市场出现"千股跌停"这样极端的行情时，相关系数这个指标就无法对行业间的关联风险进行区分。未来的研究可采用因果推断或实体经济联系的方式构建网络，减少网络方法的应用在时间序列数据上的局限性。此外，本章在开始部分检验了基于复杂网络方法的个股配置模型在行业配置上的不适用性，故提出了 BL+Network 进行行业配置。未来的研究可系统地构建基于复杂网络方法的"自上而下"配置策略（从大类资产配置到行业配置再到个股配置）。

第四章

复杂网络视角下信贷市场行业配置与风险管理

第一节 研究问题

2008年国际金融危机已过去十多年，但危机的影响并未消失殆尽。Bernanke（2018）探讨了金融恐慌和信贷中断对经济的冲击。他指出："十年前金融危机最严重的时候，经济学家和政策制定者低估了随之而来的经济衰退的深度和严重性。要纠正这种失败就需要在经济模型和预测中更全面地纳入信贷市场因素。"银行的信贷业务是银行收益来源的核心，其信贷配置效率影响社会资金对具有核心竞争力行业的支持，从而影响国家经济的运行质量。2019年习近平总书记在中共中央政治局集体学习时强调，要深化金融供给侧结构性改革，增强金融服务实体经济能力。银行业对实体经济的服务主要体现在控制风险的前提下为各行业的发展提供正常的信贷资金。因此，科学合理地进行银行信贷配置是实体经济正常运行的重要保障。目前中国的银行信贷配置多数依赖银行自有的历史信贷数据进行简单的总结和定性分析，多为"行业配置+公司信用评级+审批"配置思路，缺乏对信贷市场风险的量化分析和预测。例如，国

第四章
复杂网络视角下信贷市场行业配置与风险管理

内某商业银行在2019年信贷和投融资政策报告中将信贷投放行业分为鼓励发展、适度支持、审慎介入、压缩控制四类，进而优化信贷结构。另一国有股份制银行关于信贷配置的行业筛选主要定性地考虑行业政策对市场的影响、行业发展阶段及其特点和行业竞争程度。上述的配置方式具有很强的主观性和偏差性。此外，通过实地调研我们发现，目前银行风控部门将工作重点放在了具体公司的信用评级上，对于行业信贷比例，主要以定性分析为主，量化分析方法使用较少，但是银行相关部门表示，行业风险的量化分析将是未来的发展趋势。2019年5月包商银行被接管的事件为银行业再次敲响警钟，同时也提醒中小银行需要提升风险识别能力和优化银行的信贷配置结构。

行业聚类风险对基于行业层面的银行信贷配置有着极其重要的影响。传统的银行信贷配置研究忽略了单个行业在整个行业系统中的重要性以及行业网络之间的关联性。银行信贷配置问题本质上是投资组合选择问题，但信贷配置由于涉及行业较多（出于国家政策、经济发展的需要），更容易面临由行业间风险传染导致的聚类风险，并有可能引发银行系统性金融风险。此外，信贷配置面临不良贷款率[①]和贷款收益率的双重目标。

本章将采用复杂网络方法研究行业指数的聚类风险问题和均值约束条件下的 Min-C 模型，进而分析银行视角下的基于行业层面的银行信贷配置效率问题，在"行业指数""商业银行不良贷款表"和"上市公司向银行贷款文件"三套数据的支撑下，提出一种"预

---

① 不良贷款率是衡量银行资产质量的最重要指标，尤其在经济下行时期。银行不良贷款率也是中央银行和银监会考察银行经营情况的重要指标。2019年2月，银保监会在国务院新闻办公室举行的新闻发布会上也曾明确指出在经济下行过程当中，不良贷款增长的压力较大，既要化解存量不良贷款，还要有效化解增量不良贷款。近年来，经济下行的压力和信贷扩张导致了我国银行不良贷款率逐年上升，从2012年的0.95%跃升到2017年的1.74%，五年增长率高达83%。而同期，欧美国家的银行不良贷款率正处于不断下降的趋势：美国的不良贷款率从2012年的3.32%下降到2017年的1.13%；英国则从2012年的3.59%下降到2017年的0.81%。

◇ 金融市场行业风险传染与资产配置

测+配置"的银行信贷行业配置比例问题的模块化解决方案。此外，本章尝试从行业网络聚类风险而非信贷行业配置个数的角度提出银行信贷配置是集中化还是多元化更优争论的新的分析思路。本章首先运用广义方差分解法构建了行业指数收益率溢出效应矩阵与行业关联有向加权网络。其次，基于网络聚类系数[1]提出了四种类型聚类风险（循环型、风险中介型、风险吸收型和风险扩散型）。再次，根据聚类风险的具体特征和均值—方差模型的思想提出了均值约束条件下的 Min-C 模型，分析银行信贷的行业配置策略。相较方差风险和 CVaR 风险，基于聚类风险的行业配置不仅可以分散风险，而且可以将风险分散到关联性较低的行业中，同时通过对高连接度节点的定位增强对高收益率行业的识别。最后，通过实证分析对比 Min-C 模型下的最优策略、传统的 Naïve（等权 1/N，以下简称 1/N）策略，Min-V 模型和 Min-CVaR 模型下的最优策略在样本外的不良贷款率和贷款收益率以及实际的城市商业银行、农村商业银行和外资银行的平均不良贷款率，发现 Min-C 模型下的最优策略均稳定占优。对于这样的结果，我们认为可能的原因是银行信贷配置是集中化还是多元化更优不能单纯地从行业个数多少的角度分析，还需考虑具体行业的聚类特征。即使银行信贷配置的行业个数较多，多元化明显，但是若所配置的行业属于同一聚类特征，也无法达到分散风险的效果。为此，本章构建了新的信贷配置集中化的度量指标 C-I-HHI。在新的度量标准下，我国银行信贷配置多元化优于集中化。

第二节 模型构建

现有文献关于行业风险的研究主要基于单个行业的市场波动测

---

[1] 网络中节点属性的指标有很多，例如中心性、连通度和聚类系数等。选择聚类系数的原因是 Schwaab 等（2017）研究了不同国家、不同行业的系统性违约风险，发现信用违约风险的确存在行业聚类的现象。

算损失概率，忽视了行业之间的"两两关联"和"整体关联"。为此，本章先对风险形成的路径进行分析。在清晰刻画行业风险形成的路径后再研究如何进行银行信贷配置。为解决上述问题，在研究方法上，本节首先参考Diebold和Yilmaz（2014）以及杨子晖和周颖刚（2018）的研究，对VAR（Vector Auto-Regression）模型的预测结果采用广义方差分解，得到行业指数收益率溢出矩阵，在此基础上构建复杂网络；其次采用网络拓扑分析法计算行业聚类风险，分析行业聚类风险类型；最后基于均值—方差模型思想构建Min-C银行信贷配置模型。

一 基础网络构建

以VAR（1）：$Y_t = \phi Y_{t-1} + \varepsilon_t$ [其中Y_t表示指数收益率，ϕ为系数矩阵，ε_t为误差项且$E(\varepsilon_t)=0$] 为例进行预测误差的方差分解。记$Y_t = (Y_{1t}, Y_{2t}, \cdots, Y_{nt})'$表示$n$个行业指数在时刻$t$的收益率。在$t$时刻的一步预测结果为$\hat{Y}_{t+1} = \phi Y_t$（$\hat{Y}$表示预测值），两步预测结果为$\hat{Y}_{t+2} = \phi \hat{Y}_{t+1} = \phi(\phi Y_t) = \phi^2 Y_t$。故两步预测的误差为$Y_{t+2} - \hat{Y}_{t+2} = \phi^2 Y_t + \varepsilon_{t+2} + \phi \varepsilon_{t+1} - \phi^2 Y_t = \varepsilon_{t+2} + \phi \varepsilon_{t+1}$。预测误差的方差分解就是测算$n$个变量（本章中即28个行业指数的收益率）中某一行业的收益率波动引发其他行业的收益率波动在预测期为L的预测误差的方差占预测期为L的总体预测误差的方差的比重，计算公式如式（4-1）所示：

$$S_{j \to i}^L = \frac{\sum_{q=1}^{L}(\phi_{ij}^{(q)})^2 \delta_{jj}}{\sum_{j=1}^{n}\sum_{q=1}^{L}(\phi_{ij}^{(q)})^2 \delta_{jj}} \quad (i, j = 1, 2, \cdots, n) \quad (4-1)$$

其中，$S_{j \to i}^L$表示在L期滞后的VAR模型中行业j对行业i的收益率溢出效应的百分比；δ_{jj}表示误差项第j个变量误差项ε_j的方差；$\phi^{(q)}$表示滞后q期VAR模型的系数矩阵，q值运用SC（Schwarz Criterion）准则确定。

关于方差分解需要说明的是，传统的方差分解大多采用上述的

Cholesky 方差分解法，但 Cholesky 方差分解法的结果对变量的顺序高度依赖。因此，目前国内外学者更多使用的是 Persaran 和 Shin (1998) 提出的不依赖于变量顺序的广义方差分解法，计算公式如式（4-2）所示：

$$GS_{j \to i}^L = \frac{\sigma_{jj}^{-1} \sum_{q=1}^{L} (e'_i \phi^{(q)} \Sigma e_j)^2}{\sum_{q=1}^{L} (e'_i \phi^{(q)} \Sigma \phi^{(q)'} e_i)} \quad (4-2)$$

其中，$GS_{j \to i}^L$ 度量了在 L 期滞后的广义方差分解中行业 j 对行业 i 的收益率溢出效应的百分比；e_i，$i = 1, 2, \cdots, n$ 为 n 维列向量，其中第 i 个元素为 1，其余元素均为 0；Σ 表示行业收益率方差—协方差矩阵；σ_{jj} 表示 Σ 中的第 j 个对角元。这样我们就得到了行业收益率溢出矩阵，如表 4-1 所示。

表 4-1　　　　　　　行业收益率溢出效应矩阵

	行业 1	行业 2	…	行业 n	入度（In）
行业 1	$GS_{1 \to 1}^L$	$GS_{2 \to 1}^L$	…	$GS_{n \to 1}^L$	$\sum_{j=1, j \neq 1}^{n} GS_{j \to 1}^L$
行业 2	$GS_{1 \to 2}^L$	$GS_{2 \to 2}^L$	…	$GS_{n \to 2}^L$	$\sum_{j=1, j \neq 2}^{n} GS_{j \to 2}^L$
…	…	…	…	…	…
行业 n	$GS_{1 \to n}^L$	$GS_{2 \to n}^L$	…	$GS_{n \to n}^L$	$\sum_{j=1, j \neq n}^{n} GS_{j \to n}^L$
出度（Out）	$\sum_{i=1, i \neq 1}^{n} GS_{1 \to i}^L$	$\sum_{i=1, i \neq 2}^{n} GS_{2 \to i}^L$	…	$\sum_{i=1, i \neq n}^{n} GS_{n \to i}^L$	$\frac{1}{n} \sum_{i, j=1, i \neq j}^{n} GS_{j \to i}^L$

在收益率溢出效应矩阵中，第一行的行业分类表示行业收益率溢出的来源地（对应元素下标的左侧元素），第一列的行业分类（对应元素下标的右侧元素）表示行业收益率溢出的接受地。最右侧列为对应行的非对角元素之和，表示其他行业收益率对该行业产生的冲击或溢出的总效应之和（行业的入度）。表中末行是对应列

的非对角元素之和，表示该行业对其他行业收益率产生冲击或溢出的总效应之和（行业的出度）。此外，对"入度"所在列元素或"出度"所在行元素进行加总并求平均则是行业收益率溢出总效应：

$$\frac{1}{n}\sum_{i,j=1,\ i\neq j}^{n}GS_{j\rightarrow i}^{L} \tag{4-3}$$

运用表4-1可以构建行业关联复杂网络 $G=(V, E)$，其中 V 表示网络节点的集合，每个节点表示一个行业，本章共选取28个行业（申银万国行业分类标准一级名录）；E 为网络中边的集合，其元素为有序实数对，即如果行业 i 对行业 j 有收益率溢出效应，则 $(i, j) \in E$。在网络研究中，网络的连接边的数值大小一般用邻接矩阵[①] $A = \{a_{ij}\}$ 来表示，当 $(i, j) \in E$ 时，$a_{ij} \neq 0$；否则 $a_{ij} = 0$。本章所构建的行业关联网络邻接矩阵 A 中，$a_{ij} = GS_{j\rightarrow i}^{L}$，$i \neq j$，$i, j = 1, 2, \cdots, 28$（在行业收益率溢出效应矩阵的基础上设定对角元素为0）。此网络为加权有向金融网络。

二 聚类风险

为了度量网络中每个行业与其他行业的关联水平，我们运用聚类系数这一网络拓扑指标。Watts（1998）在 *Nature* 杂志上首次提出聚类系数，用来度量网络中节点的集聚程度。它在数值上表示为以节点 i 为顶点的三角形的数量与以节点 i 为顶点的三元组的数量的比值，三元组的特征如图4-1所示。聚类系数在金融网络中具有重要的应用，Schwaab等（2017）的研究表明发生信贷违约风险的行业存在一定的聚类现象。

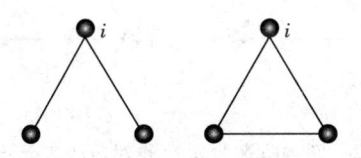

图4-1 以节点 i 为顶点的三元组的两种可能形式

[①] 邻接矩阵是表示顶点之间相邻关系的矩阵。

◇ 金融市场行业风险传染与资产配置

定义 4-1（Watts，1998）：设节点 i 的邻居节点数为 k_i，k_i 个邻居节点之间实际存在的边数为 E_i，可能存在的边数为 $C_{k_i}^2$（$C_{k_i}^2 = k_i(k_i-1)/2!$）。$E_i$ 和 $C_{k_i}^2$ 之比定义为节点 i 的聚类系数，记为 C_i，即

$$C_i = \frac{E_i}{C_{k_i}^2} = \frac{与节点 i 相连的三角形数量}{与节点 i 相连的三元组数量}。$$

上述聚类系数的定义仅仅适用于无向网络，关于有向网络的聚类系数可以直接从无向网络中的定义延拓过来，但会丢失网络中的数据信息，无法全面反映网络节点的具体聚类效应。究其原因，有向网络中的节点连接有方向区别，不同的方向代表了不同的经济含义。Fagiolo（2007）根据有向网络中三元组的不同形态特征定义了四种类型聚类系数。

Watts（1998）定义的无向网络聚类系数在风险度量中已有直接的应用（巴曙松和金玲玲，2014；何伊等，2020），本章将 Fagiolo（2007）的思想引入金融风险管理领域，用聚类系数度量风险，简称聚类风险。具体定义如下：

定义 4-2 根据四种类型三元组，相应的聚类风险定义如下：

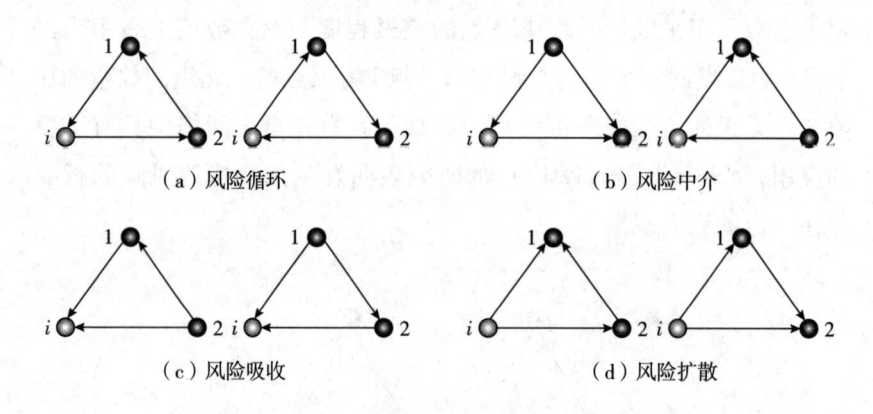

(a) 风险循环　　　　　　　　　　(b) 风险中介

(c) 风险吸收　　　　　　　　　　(d) 风险扩散

图 4-2　四种类型聚类风险对应的三元组类型

（a）节点 i 的循环型聚类风险，定义为以 i 为中心的子网络中，

循环型三元组个数占子网络中循环型三元组的最大可能数①的比例，即

$$C_i^{cyc} = \frac{(A^3)_{ii}}{d_i^{in} d_i^{out} - \tilde{d}_i} \tag{4-4}$$

（b）节点 i 的中介型聚类风险，定义为以 i 为中心的子网络中，中介型三元组个数占子网络中中介型三元组的最大可能数的比例，即

$$C_i^{mid} = \frac{(AA'A)_{ii}}{d_i^{in} d_i^{out} - \tilde{d}_i} \tag{4-5}$$

（c）节点 i 的吸收型聚类风险，定义为以 i 为中心的子网络中，吸收型三元组个数占子网络中吸收型三元组的最大可能数的比例，即

$$C_i^{in} = \frac{(A'A^2)_{ii}}{d_i^{in}(d_i^{in}-1)} \tag{4-6}$$

（d）节点 i 的扩散型聚类风险：定义为以 i 为中心的子网络中，扩散型三元组个数占子网络中扩散型三元组的最大可能数的比例，即

$$C_i^{out} = \frac{(A^2A')_{ii}}{d_i^{out}(d_i^{out}-1)} \tag{4-7}$$

其中，$\tilde{d}_i$ 表示与节点 i 有双边关系的邻居节点数量，$\tilde{d}_i = \sum_{j \neq i} a_{ij} a_{ji} = (A^2)_{ii}$（$A_{ii}$ 表示矩阵 A 中的第 i 个对角线元素），d_i^{in} 表示节点 i 的入度，d_i^{out} 表示节点 i 的出度②。节点 i 的"入度"表示网络中指向节点 i 的边的加权（权重为 $a_{ij, i \neq j}$）和，节点 i 的"出度"表示网络中

---

① 循环型三元组的最大可能数是指不考虑节点 1 和节点 2 是否有连接，节点 i 与节点 1、节点 2 的连接满足循环型三元组的条件的数量。其他类型三元组的最大可能数同理可得。

② 在有向网络中，所有的边都是有方向的，所以连接关系不一定是对称的。节点 1 指向节点 2 并不意味着节点 2 指向节点 1，两个节点之间的不同方向连接边的权重大小也不一定相等。若入度或出度等于 0，则该节点没有相对应的风险传染类型。下文的实证分析中，本章所构建的邻接矩阵非对角线元素均大于 0。

◇ 金融市场行业风险传染与资产配置

由节点 i 指出的边的加权和，即

$$d_i^{in} = \sum_{j \neq i} a_{ji} = (A^T)_i e$$
$$d_i^{out} = \sum_{j \neq i} a_{ij} = (A)_i e \tag{4-8}$$

其中，$(A)_i$ 表示矩阵 A 的第 i 行元素；e 表示 n 维单位列向量 $(1, 1, \cdots, 1)'$，"'" 表示矩阵的转置。记 d_i^{tot} 为节点 i 的入度和出度的和，即 $d_i^{tot} = d_i^{in} + d_i^{out}$。

为了反映两两行业间的聚类特征，同时构造行业组合的风险矩阵，我们先计算行业关联网络（邻接矩阵为 A）中每个行业的聚类风险 C_i^{ty}，然后运用 C_i^{ty} 定义风险矩阵 C。

定义 4-3：矩阵 C 的元素定义如下：

$$c_{ij} = \begin{cases} C_i^{ty} \times C_j^{ty}, & \text{当 } i \neq j \text{ 时} \\ 1, & \text{当 } i = j \text{ 时} \end{cases} \tag{4-9}$$

其中，ty = cyc, mid, in, out。对于行业 i，ty 只取四种中的一个，具体选取规则为：取四种聚类风险中最大者为该行业的聚类风险类型（如果最大值不止一个，则该行业同时兼具多种聚类风险类型，由于最大值的数值只有一个，故不影响实证分析）。

矩阵 C 是仿照均值—方差模型中的协方差矩阵，反映行业组合的聚类风险。矩阵 C 中元素 c_{ij} 的构造是借鉴了数学中耦合度的思想（耦合度是对模块间关联程度的度量，反映了模块之间的依赖关系，模块间联系越多，其耦合性越强（Miyaura, 2002；Clemente et al., 2019），对应到本章中，c_{ij} 反映了任意一对行业节点和整个行业网络的关联水平和聚类程度。

在考虑行业网络的聚类风险的同时，我们仍然不能忽视行业的波动率风险（方差风险），借鉴协方差矩阵和相关系数关系的思想，我们对矩阵 C 进行标准差加权处理，记为 $H = \Delta' C \Delta$。其中 Δ 为对角矩阵，其对角线元素为 $s_i = \sigma_i / \sqrt{\sum_{i=1}^{n} \sigma_i^2}$，其中 σ_i 为行业指数 i 收益率的标准差。标准差加权后的风险度量矩阵 H，既包含了传统方差风险（体现在矩阵 Δ），又考虑了聚类风险（体现在矩阵 C），综合两种风险考虑银行信贷的行业配置问题。

定理 4-1 若 $0 \leq c_{ij} < 1$ ($i \neq j$)，则矩阵 C 和 H 均为正定矩阵。（证明见附录 D）

三 银行信贷配置（分行业）模型

在运用行业指数分析行业风险时，一方面，由于行业指数波动较小，方差无法对风险进行很好度量；另一方面，Schwaab 等（2017）的研究表明发生信贷违约风险的行业存在一定的聚类现象。故本章尝试运用聚类风险替代方差风险度量银行信贷配置中的行业聚类风险。

均值—方差模型框架中，相关系数矩阵 ρ 反映的是两两行业间的相关程度，而本章所构建的矩阵 C 反映的是两两行业间的聚类程度。协方差矩阵 $\sum$ 由相关系数矩阵 ρ 与标准差对角矩阵 $\sigma = diag$ ($\sigma_1, \sigma_2, \cdots, \sigma_n$) 确定（$\sum = \sigma' \rho \sigma$），标准差加权的聚类风险矩阵 H（以下简称聚类风险矩阵 H）由矩阵 C 和标准化的标准差对角矩阵确定（$H = \Delta' C \Delta$）。众所周知，投资组合 ω 的方差风险为 $\omega^T \sum \omega$。同理 $\omega' H \omega$，也是一种风险度量，本章称为投资组合 ω 的聚类风险 $\omega^T H \omega$。在此基础上，本章提出银行信贷配置的最小化聚类风险模型，简称 Min-C 模型。

$$\begin{cases} \min_{\omega} \omega' H \omega \\ s.t. \ e' \omega = 1 \\ \omega_i \geq 0, \ i = 1, 2, \cdots, n \\ \omega' R \geq d \\ l_i \leq \omega_i \leq u_i, \ i = 1, 2, \cdots, n \end{cases} \quad (4\text{-}10)$$

其中，ω 为银行贷款的行业分配比例；R 为 n 维列向量，表示每个行业贷款平均的收益率；d 为银行所要求的贷款最低收益率；l_i 和 u_i 分别为银行对行业 i 的贷款比例的最低和最高约束；l_i 可以理解为银行对中小微企业，重点扶持、重点发展和贷款收益高的

◇ 金融市场行业风险传染与资产配置

企业的最低贷款比例约束；u_i可理解为银行为预防在某一行业的投资过度倾斜而设置的最高贷款比例约束。l_i和u_i的取值范围为$[0, 1]$。式（4-10）是要将银行信贷配置到聚类风险最小的行业组合中去，因为聚类风险大意味着行业之间的经济联系越大，更容易造成风险在这些行业之间传染。本章在满足银行信贷配置收益率约束和配置比例约束（对应不同的信贷政策、银行自身考虑等）情况下最小化聚类风险，确保银行信贷配置能够在满足相关要求下更好地实现多元化，以预防行业间风险传染可能导致的系统性风险。

我们的模型具有很大的扩展性和兼容性，提出的方法在现实中具有较大的意义。例如，在新冠疫情冲击下，国家政策需要对医药生物行业的信贷进行倾斜，我们可以单独调整医药生物行业的配置比例下限（$l_{医药生物}$）。若某具体银行考虑自身信贷制度约束，对所有行业的投资比例不能超过20%时，我们可以将所有行业的u_i设置为0.2。此外，若中国农业银行根据自身发展优势，需要向农林牧渔行业重点投放贷款，亦可单独调高农林牧渔行业的比例下限（$l_{农林牧渔}$）。综上所述，每家银行可以依据国家政策、制度约束和自身情况调整式（4-10）中的约束条件参数，从而满足信贷配置要求。

通过观察式（4-10）可以发现，若没有约束条件$\omega' R \geqslant d$，$l_i \leqslant \omega_i \leqslant u_i$，$i = 1, 2, \cdots, n$和$\omega_i \geqslant 0$，当$0 \leqslant c_{ij} < 1$（$i \neq j$）时，由定理4-1可知，矩阵H可逆，故最优解一定存在，由拉格朗日乘子法得到拉格朗日函数为$L(\omega, \lambda) = -\omega' \sum \omega + \lambda(e'\omega - 1)$，进而由Kuhn-Tucker定理可得解为$x = (H^{-1}e)/(e'H^{-1}e)$。增加了三个约束条件以后，很难得到解析解，故使用数值方法求解式（4-10）。

为了与Min-C模型进行对比，我们选择了Min-V模型和Min-CVaR模型进行对比分析。Min-V模型和Min-CVaR模型的设定如下：

（1）最小方差模型（Min-V）：

$$\begin{cases} \min\limits_{\omega} \omega' \sum \omega \\ \text{s.t. } e'\omega = 1 \\ \omega_i \geq 0, i = 1, 2, \cdots, n \\ \omega'R \geq d \\ l_i \leq \omega_i \leq u_i, i = 1, 2, \cdots, n \end{cases} \quad (4-11)$$

其中，$\sum$ 表示行业收益率的方差—协方差矩阵。其他符号的含义与式（4-10）相同。

（2）最小条件在险价值模型（Min-CVaR）：

$$\begin{cases} \min\limits_{\omega} CVaR_\beta = \dfrac{\varphi[\phi^{-1}(\beta)]}{1-\beta} \sigma_p - E(r_p) \\ \text{s.t. } e'\omega = 1 \\ \omega_i \geq 0, i = 1, 2, \cdots, n \\ \omega'R \geq d \\ l_i \leq \omega_i \leq u_i, i = 1, 2, \cdots, n \end{cases} \quad (4-12)$$

其中，$\sigma_p = \sqrt{\sum\limits_{i=1}^{n}\sum\limits_{j=1}^{n}\omega_i\omega_j Cov(R_i, R_j)}$；$R_p = \sum\limits_{i=1}^{n}\omega_i R_i$；$\beta$ 表示损失容忍度；$\phi(\cdot)$ 表示多元标准正态分布；$\varphi(\cdot)$ 表示多元标准正态分布的密度函数。其他符号的含义与式（4-10）相同。

第三节 实证分析 I：行业聚类风险分析

一 研究数据

本节主要实证分析申银万国行业分类标准下的 28 个一级行业指数的收益率溢出效应与每一个行业的聚类风险类型，同时给出行业

◇ 金融市场行业风险传染与资产配置

聚类风险的动态变化趋势。文中选取2006—2015[①]年的行业数据为研究样本，主要涉及三套行业研究数据。第一套是申银万国28个一级行业指数，第二套是商业银行不良贷款表[②]（分行业），第三套是上市公司向银行贷款文件[③]。由于第三套数据中没有公布贷款公司所在的行业，故需手工匹配，初步整理后共有1396条包含上市公司贷款期限、贷款利率、发款银行等指标的有效数据，但是进一步整理后发现，与申银万国28个一级行业指数相比，有6个行业的贷款公司数量低于10家，数据量较少，故在银行信贷配置比例的研究中删除这6个行业[④]。删除的6个行业的总贷款占全部行业总贷款不到10%，故不会对研究结果造成较大影响。但是在行业收益率溢出效应分析时，由于只需用到行业指数的数据，故行业样本仍然为28个。

二 行业聚类风险分析

本小节对申银万国28个一级行业指数进行收益率溢出效应分析，以考察在证券市场行业收益率之间的聚类风险类型。首先，本章基于SC（Schwarz Criterion）准则确定VAR模型的最佳滞后阶数。同时，为了确保结论的稳定性，本章分别进行预测期为5天、10天和20天的方差分解分析，三种预测期下的结果均处于稳健状态。然后，运用式（4-2）计算得到行业收益率溢出效应矩阵，分析每一个行业的风险溢入总和（Net_in，表4-1中的最后一列元素）和风险溢出总和（Net_out，表4-1中的最后一行元素）。最后运用式

[①] 由于本章使用的是三套数据库，时间上需要取交集，2015年以后上市公司向银行贷款利率数据没有更新，故本章数据跨度只到2015年。

[②] 我们在查阅Wind数据库的指标说明后，确认本章使用的"上市公司向银行贷款文件"数据和行业层面的不良贷款率数据均是当年的信贷数据，而非历史遗留。

[③] 证券市场方面，本章使用行业层面的指数数据；银行市场方面，我们使用的也是行业层面的信贷数据。证券市场行业指数数据对行业之间的风险传染具有映衬作用，而行业之间的风险传染会直接影响银行信贷的行业配置。此外，亦有历史文献运用证券市场数据研究银行市场的风险问题（辛兵海等，2015；Cheung et al.，2010）。综上所述，本章将三套研究数据结合使用。

[④] 删除的6个行业是：化工、黑色金属、有色金属、食品饮料、计算机、文化体育和娱乐业。

第四章
复杂网络视角下信贷市场行业配置与风险管理

（4-4）至式（4-7）计算行业的每一类型的聚类风险，进而分析聚类风险类型。其中每个行业聚类风险类型的判定规则[①]是：分别计算每个行业的四种类型聚类风险，取四种聚类风险中最大者为该行业的聚类风险类型（如果最大值不止一个，则该行业同时兼具多种聚类风险类型，由于最大值的数值只有一个，故不影响实证分析）。本章对四种类型聚类风险变量的描述性统计结果如表4-2所示，每类聚类风险的分布没有过于集中，故适合采用最大系数标准作为行业风险传染类型的判定规则。预测期为20天的方差分解结果和行业聚类风险类型如表4-3所示。

表4-2　　　　　　　四种聚类风险描述性统计

	样本量	均值	最小值	中位数	最大值	标准差
C_cyc	110	7.0125	1.6888	7.4930	10.4724	8.1326
C_mid	110	7.2265	1.7043	7.6858	10.8237	8.2022
C_in	110	7.6370	2.8905	8.2335	13.7572	14.3431
C_out	110	7.6633	0.6291	7.8240	9.3280	3.7743

表4-3　　　　　　　行业指数收益率溢出效应分析

行业分类	Net_in	$1-Net\_in$	Net_out	C_cyc	C_mid	C_in	C_out
农林牧渔	**0.8941**	**0.1059**	0.9614		√		
采掘业	0.9344	0.0656	0.8209				√
化工	**0.9504**	**0.0496**	**1.1044**			√	
黑色金属	**0.8856**	**0.1144**	0.8325			√	
有色金属	**0.8982**	**0.1018**	0.8701			√	
电子	0.9486	0.0514	1.0524			√	
家用电器	0.9429	0.0571	0.9457	√			
食品饮料	0.9338	0.0662	0.8042	√			

---

① 由于现实网络中，以节点 i 为中心的三元组同时包含了四种类型的三元组结构，即节点 i 同时具有四种类型的聚类风险，我们主要关注行业面临的主要聚类风险类型，故取四种风险中占比最大的风险类型作为该行业的聚类风险类型。

◆ 金融市场行业风险传染与资产配置

续表

行业分类	Net_in	1-Net_in	Net_out	C_cyc	C_mid	C_in	C_out
纺织服装	**0.9502**	0.0498	**1.0958**	√			
轻工制造	**0.9500**	0.05	**1.0878**	√			
医药卫生	0.9043	0.0957	0.9641		√		
公用事业	0.9464	0.0536	1.0167			√	
交通运输	0.9472	0.0528	1.0366			√	
房地产	0.9360	0.064	**1.0873**				√
商业贸易	0.9493	0.0507	1.0762			√	
餐饮旅游	0.9411	0.0589	0.9124			√	
综合	0.9494	0.0506	1.0745	√			
建筑材料	0.9465	0.0535	1.0178			√	
建筑装饰	0.9444	0.0556	0.9768			√	
电气设备	0.9473	0.0527	1.0286			√	
国防军工	0.9339	0.0661	**0.7999**				√
计算机	0.9442	0.0558	0.9595		√		
传媒	0.9411	0.0589	0.9072				√
通信	0.9375	0.0625	0.8568				√
银行	**0.8933**	**0.1067**	**0.4808**				√
非银金融	0.9207	0.0793	**0.6798**				√
汽车	0.9478	0.0522	1.0439			√	
机械设备	**0.9501**	0.0499	**1.0946**			√	

注：表中 Net_in 表示其他所有行业到该行业的收益率溢入效应，即表 4-1 中除对角线元素的行和；$1-Net\_in$ 代表行业收益率被自身所解释的比例；Net_out 表示由该行业到其他所有行业的收益率溢出效应，即表 4-1 中除对角线元素的列和；由于表 4-1 中，元素行和为 1，矩阵元素中的列和可以大于 1；C_cyc 表示风险循环型行业；C_mid 表示风险中介型行业；C_in 表示风险吸收型行业；C_out 表示风险分散型行业。由于本章没有采用收益率净溢出效应指标（行业 A 对行业 B 的溢出效应-行业 B 对行业 A 的溢出效应＝行业 A 对行业 B 的净溢出效应），故 Net_in 和 Net_out 在数值上差距较小。没有采用收益率净溢出效应指标是因为该指标只能度量差距不能很好地刻画初始行业 A 和行业 B 之间的溢出效应值（无法区分 0.9-0.8＝0.1 和 0.2-0.1＝0.1 之间的差别）。"√"表示该行业的聚类风险类型。

从表 4-3 可以看出，大部分行业的收益率可以归因于其他行业收益率对其的溢入效应（Net_in），但农林牧渔、黑色金属、有色金属行业受到其他行业的收益率溢出效应影响较小，更倾向于被自身收益率所解释（1-Net_in，被自身所解释的效应均超过10%，是其他行业的两倍左右），究其原因，上述行业在整个行业产业链中处于边缘位置。值得一提的是银行业受到其他行业的收益率溢出效应影响也较小，其收益率较大比率（1-Net_in，10.67%）被自身所解释[①]。银行业属于高端第三产业，其行业本身面临较高的系统性金融风险，其收益来源属于虚拟经济的发展，实体经济对于金融行业的收益率虽有冲击，但由于过度分散效应和滞后效应的存在，银行业指数收益率较大程度被自身所解释。相反，化工、纺织服装、轻工制造和机械设备业受其他行业收益率溢出效应影响较为明显，其被自身的历史收益率解释的程度不到5%。同时，化工、纺织服装、轻工制造和机械设备业对所有其他行业的收益率溢出效应也更明显。本质原因是它们属于高端制造业和服务业的支持行业，故其对外溢出效应较大。同样值得一提的是，房地产行业对其他行业的收益率也具有较强的溢出效应（Net_out）。究其原因，房地产行业可以说是中国经济发展的"晴雨表"，其兴衰对其他行业的发展有着较强的推进或抑制作用。在分析行业对外溢出总效应（Net_out）时，我们发现国防军工、银行和非银金融行业的对外溢出总效用较少（Net_out，50%左右），结合银行和非银金融行业受到其他行业的收益率溢出效应也较少的特点，我们发现虽然金融业本身系统性金融风险较大，但是在整个行业系统中，其收益率受其他行业的影响相比第二产业受其他行业的影响要小。

在对行业间的收益率溢出效应进行分析后，本章以行业指数收益率构造了行业收益率溢出效应的加权有向网络，并根据网络聚类特征将行业聚类风险类型分为循环型、中介型、吸收型和扩散型。从表4-3第4列至第7列可以看出，多数行业的聚类风险特征为吸收型，循环型行业最少。扩散型多为传媒、通信、房地产、银行和

---

① 被自身所解释的比例=1-Net_in。

◇ 金融市场行业风险传染与资产配置

非银金融等第三产业，中介型多为家用电器、食品饮料、医药生物、农林牧渔等民生行业。四种聚类风险类型中，吸收型和扩散型行业为较高风险行业，循环型和中介型行业为较低风险行业。因此国家应重点防范以传媒、通信、房地产，银行和非银金融等第三产业为代表的风险扩散型行业，上述行业如果发生风险，将对整个行业系统影响较大。我国行业间的主要聚类风险类型为吸收型，应通过上下游供应链调整、行业自身技术升级等手段降低行业关联性，减少扩散风险。除此之外，本章还对行业聚类风险的动态变化趋势进行了分析，由于考虑内容结构的连贯性，该部分放在了附录部分（见附录E）。

对于银行来说，风险的度量只是信贷配置的第一步，风险的度量多种多样，同时风险的种类也不止一种，例如系统性金融风险（聚类风险）和系统风险（方差风险），但是银行关心的更多是与贷款收益率、不良贷款率和贷款配置效率相关的风险。因此，本章对四种类型的聚类风险、方差风险以及贷款收益率、不良贷款率和贷款配置效率8个指标进行相关性分析，结果如表4-4所示。循环型、中介型和吸收型三种聚类风险的相关性较高，进一步验证了上文的分析结果。四种类型的聚类风险和方差风险的相关性均很低，且相关性的方向也不一致，进一步说明了基于聚类风险和方差风险存在本质区别。进一步观察风险度量指标和信贷配置评价指标（贷款收益率、不良贷款率和贷款配置效率）之间的相关性，我们发现，聚类风险与信贷配置评价指标的相关性要明显高于方差风险与信贷配置评价指标的相关性（见表4-4）。这里需要说明的是，在计算风险度量指标（聚类风险与方差风险）和信贷配置评价指标的相关性时，我们将风险度量指标滞后了一年。因此，相关性的结果还有一定的预测功能。表4-4的右下角展示了信贷配置评价指标间的相关性，贷款配置效率和不良贷款率之间存在明显的负相关。表4-4的结果为本章提出的基于聚类风险的银行信贷配置理论模型提供了有力的支撑。

表 4-4 行业风险度量指标之间的相关性以及行业风险指标与行业贷款度量指标之间的相关性

	C_cyc	C_mid	C_in	C_out	Var	贷款收益率	不良贷款率	贷款配置效率
C_cyc	1	**0.998455**	**0.98017**	0.759915	0.034271	-0.33957	0.415814	-0.50326
C_mid	0.998455	1	**0.984287**	0.74689	-0.00821	-0.31989	0.409228	-0.50511
C_in	0.98017	0.984287	1	0.635219	-0.05118	-0.27458	0.388399	-0.48223
C_out	0.759915	0.74689	0.635219	1	0.22618	-0.34779	0.36676	-0.42306
Var	0.034271	-0.00821	-0.05118	0.22618	1	-0.26313	0.202476	0.124728
贷款收益率	-0.33957	-0.31989	-0.27458	-0.34779	-0.26313	1	-0.21103	0.303951
不良贷款率	0.415814	0.409228	0.388399	0.36676	0.202476	-0.21103	1	-0.59826
贷款配置效率	-0.50326	-0.50511	-0.48223	-0.42306	0.124728	0.303951	-0.59826	1

第四节 实证分析 Ⅱ：Min-C 模型实证分析

本节使用第三节计算得到的行业聚类风险数据、商业银行不良贷款表（分行业）数据以及上市公司向银行贷款文件数据对第二节所建立的银行信贷配置模型进行数值求解与分析。我们对比了不同的约束条件（经济环境）下 Min-C 模型的最优策略，Naïve（等权 1/N，市值加权 1/N）策略，Min-V 模型和 Min-CVaR 模型的最优策略在银行信贷配置的样本外表现。在对比不同策略时，本章还对比了基于 Min-C 模型下的最优策略的样本外不良贷款率和城市商业银行、农村商业银行的平均不良贷款率表现。本章采用银行不良贷款率、银行贷款收益率和银行贷款配置效率（银行贷款收益率/银行不良贷款率）度量样本外模型表现[①]。Min-C 模型、Min-V 模型

---

① 在评价指标上，本章没有选取 Wurgler（2001）提出的资金配置效率指标是因为他是从社会和行业发展的角度度量资金使用效率，而本章是从银行视角度量资金使用效率。

◆ 金融市场行业风险传染与资产配置

和 Min-CVaR 模型中的贷款最低收益率约束根据上市公司向银行贷款文件中贷款利率数据设定为三个档次,分别是 5%、7% 和 9%。时间窗口的选择上,本章选取滞后一年行业聚类风险作为历史数据。然后运用 Min-V 模型、Min-CVaR 模型、Min-C 模型计算第二年的银行信贷配置比例。最后根据第二年市场公布的平均不良贷款率和行业贷款收益率数据计算在不同模型下,基于行业配置的银行不良贷款率、贷款收益率和贷款配置效率。计算步骤如下:

第一步:运用第 $t-1$ 年的行业指数收益率数据计算行业关联网络邻接矩阵 A,进而得到每个行业的聚类风险,最后计算邻接矩阵 H;

第二步:将运用第 $t-1$ 年历史数据计算得到的邻接矩阵 H 以及第 $t-1$ 年的行业贷款收益率数据代入模型 (4-10),运用 Matlab 软件中的 "quadprog" 函数计算不同约束条件(见表 4-4 至表 4-7)下最优投资比例的数值解,得到第 t 年各行业信贷配置比例;

第三步:结合第 t 年每个行业的真实不良贷款率和贷款收益率数据计算在第二步 Min-C 模型和其他传统模型行业配置比例(ω_i)结果下的第 t 年银行不良贷款率、贷款收益率和贷款配置效率,计算公式如下所示。

第 t 年银行不良贷款率 = $\sum_{i=1}^{n}$ 第 t 年行业 i 真实不良贷款率 × 行业 i 配置比例。

第 t 年银行贷款收益率 = $\sum_{i=1}^{n}$ 第 t 年行业 i 真实贷款收益率 × 行业 i 配置比例。

贷款配置效率 = 贷款收益率/不良贷款率。

第四步:运用第 $t-1$ 年的行业指数收益率数据计算在传统模型 [Min-V、Min-CVaR 和 Naïve(1/N 等权和市值加权)] 的最优策略下的各行业信贷配置比例,然后类似第三步计算第 t 年银行不良贷款率、贷款收益率和贷款配置效率。

第五步:比较 Min-C 模型下最优策略和其他传统模型下的最优

策略在贷款收益率、不良贷款率和贷款配置效率指标下的表现。此外，对比 Min-C 模型下的最优策略的银行不良贷款率和我国城市商业银行与农村商业银行的平均不良贷款率。在两个维度的比较下，Min-C 模型下最优策略均获得了显著优势。

具体计算结果如表 4-5 至表 4-7 所示。

如表 4-5 所示的结果是信贷行业配置比例约束 $0 \leq \omega \leq 1$ 的情况下各模型的样本外表现。此时意味着银行对任何行业都没有信贷倾斜，同时对任何行业都没有最低贷款约束，可以将贷款集中到几个行业投放。

当综合贷款最低收益率设定为 5% 时，Min-V、Min-CVaR 和 Min-C 模型都有满足要求的解，但是 Min-V 和 Min-CVaR 模型投资比例大于 1% 的行业仅有 4—5 个，贷款配置个数过于集中化。而本章提出的 Min-C 模型投资比例大于 1% 的行业每年均有 8—12 个，大大分散了贷款风险。在行业配置个数多元化的同时，Min-C 模型也没有牺牲贷款收益率，没有增大不良贷款率，尤其是贷款收益率反而比 Min-V 模型略高。贷款配置效率只有在 2015 年略低于 Min-V 模型和 Min-CVaR 模型。

当贷款最低收益率设定为 7% 时，三个模型均有最优解，配置结果和最低收益率 5% 的结果相差较小。随着贷款最低收益率的增加，Min-V 模型投资比例大于 1% 的行业减小到 3—5 个，Min-C 风险模型投资的行业个数也减少到 7—12 个。投资收益率目标的增加必将带来投资行业个数的减少，需要集中比例投资优质行业。此时，Min-C 模型总体上仍然优于 Min-V 模型。当最低收益约束增加时，Min-CVaR 模型的投资比例变化范围较小，仅有 2010 年的投资比例发生了变化。该结果证明 Min-CVaR 模型中的最大损失约束[体现在模型（4-12）中的损失容忍度参数 β，实证中的 β 取值为 0.95]要强于最低收益率约束。

当综合贷款最低收益率设定为 9% 时，此种最低收益率的设定虽然不合理（银行很难达到这样的业绩），但是出于对模型的比较，

◆ 金融市场行业风险传染与资产配置

表4-5 Min-C模型和传统模型样本外结果比较（各行业贷款最小配置比例0，最大配置比例为1）

<table>
<tr><th rowspan="2"></th><th rowspan="2">年份</th><th rowspan="2">1/N
(等权)</th><th rowspan="2">1/N
(市值加权)</th><th colspan="3">Min-V</th><th colspan="3">Min-C</th><th colspan="3">Min-CVaR</th></tr>
<tr><th>最低
收益率5%</th><th>最低
收益率7%</th><th>最低
收益率9%</th><th>最低
收益率5%</th><th>最低
收益率7%</th><th>最低
收益率9%</th><th>最低
收益率5%</th><th>最低
收益率7%</th><th>最低
收益率9%</th></tr>
<tr><td rowspan="5">不良
贷款率</td><td>2009</td><td>1.9317</td><td>1.1524</td><td>0.7912</td><td>0.7912</td><td>1.6773</td><td>0.8058</td><td>0.8058</td><td>1.4704</td><td>1.3013</td><td>1.3013</td><td>1.6665</td></tr>
<tr><td>2010</td><td>1.2991</td><td>0.9926</td><td>0.9652</td><td>0.7952</td><td>无解</td><td>0.8193</td><td>0.7587</td><td>无解</td><td>0.8032</td><td>0.7878</td><td>无解</td></tr>
<tr><td>2011</td><td>1.0487</td><td>0.8496</td><td>0.4520</td><td>1.2221</td><td>无解</td><td>0.4294</td><td>1.1702</td><td>无解</td><td>1.2470</td><td>1.2470</td><td>无解</td></tr>
<tr><td>2014</td><td>0.9835</td><td>0.8736</td><td>0.7323</td><td>0.7323</td><td>0.8833</td><td>0.6467</td><td>0.6467</td><td>0.3183</td><td>0.7559</td><td>0.7559</td><td>0.7559</td></tr>
<tr><td>2015</td><td>1.3226</td><td>1.5979</td><td>0.5907</td><td>0.6516</td><td>0.5575</td><td>0.7662</td><td>0.7662</td><td>0.5789</td><td>0.8100</td><td>0.8100</td><td>0.8100</td></tr>
<tr><td rowspan="5">贷款
收益率</td><td>2009</td><td>5.6269</td><td>6.2886</td><td>5.5673</td><td>5.5673</td><td>6.1217</td><td>6.6138</td><td>6.6138</td><td>6.4910</td><td>6.3216</td><td>6.3216</td><td>6.1409</td></tr>
<tr><td>2010</td><td>5.3392</td><td>5.4305</td><td>5.8258</td><td>5.7068</td><td>无解</td><td>5.9227</td><td>5.8115</td><td>无解</td><td>5.7163</td><td>5.6989</td><td>无解</td></tr>
<tr><td>2011</td><td>6.5647</td><td>6.6709</td><td>6.6177</td><td>8.4469</td><td>无解</td><td>7.1541</td><td>8.7724</td><td>无解</td><td>8.7508</td><td>8.7508</td><td>无解</td></tr>
<tr><td>2014</td><td>6.7331</td><td>6.9479</td><td>6.7791</td><td>6.7791</td><td>7.9308</td><td>6.7335</td><td>6.7335</td><td>8.0835</td><td>6.6948</td><td>6.6948</td><td>6.6948</td></tr>
<tr><td>2015</td><td>6.4425</td><td>7.1195</td><td>6.7845</td><td>7.2574</td><td>9.1714</td><td>7.4122</td><td>7.4122</td><td>8.8866</td><td>8.6213</td><td>8.6213</td><td>8.6213</td></tr>
<tr><td rowspan="5">配置
效率</td><td>2009</td><td>2.9129</td><td>5.4569</td><td>7.0365</td><td>7.0365</td><td>3.6497</td><td>8.2078</td><td>8.2078</td><td>4.4144</td><td>4.8579</td><td>4.8579</td><td>3.6849</td></tr>
<tr><td>2010</td><td>4.1099</td><td>5.4709</td><td>6.0358</td><td>7.1766</td><td>无解</td><td>7.2290</td><td>7.6598</td><td>无解</td><td>7.1167</td><td>7.2335</td><td>无解</td></tr>
<tr><td>2011</td><td>6.2598</td><td>7.8519</td><td>14.6424</td><td>6.9120</td><td>无解</td><td>16.6607</td><td>7.4965</td><td>无解</td><td>7.0174</td><td>7.0174</td><td>无解</td></tr>
<tr><td>2014</td><td>6.8461</td><td>7.9532</td><td>9.2573</td><td>9.2573</td><td>8.9786</td><td>10.4121</td><td>10.4121</td><td>25.3959</td><td>8.8567</td><td>8.8567</td><td>8.8567</td></tr>
<tr><td>2015</td><td>4.8711</td><td>4.4556</td><td>11.4855</td><td>11.1378</td><td>16.4509</td><td>9.6740</td><td>9.6740</td><td>15.3508</td><td>10.6436</td><td>10.6436</td><td>10.6436</td></tr>
</table>

注：表中"无解"是由于设定贷款最低收益率为9%，但是当年的统计结果中没有行业的贷款收益率大于或等于9%，故模型无解。表4-6、表4-7也是如此。

— 86 —

第四章 复杂网络视角下信贷市场行业配置与风险管理

表4-6 Min-C模型和传统模型样本外结果比较（各行业贷款最小配置比例0.01，最大配置比例为1）

	年份	Min-V 最低收益率5%	Min-V 最低收益率7%	Min-V 最低收益率9%	Min-C 最低收益率5%	Min-C 最低收益率7%	Min-C 最低收益率9%	Min-CVaR 最低收益率5%	Min-CVaR 最低收益率7%	Min-CVaR 最低收益率9%
不良贷款率	2009	0.9963	0.9963	2.0470	0.8633	0.8633	1.8470	1.4556	1.4556	无解2
	2010	1.0909	0.7091	无解	1.0673	0.6858	无解	1.0538	0.7091	无解
	2011	0.5539	1.0506	无解	0.5426	1.2490	无解	1.2335	无解2	无解
	2014	0.7170	0.7170	0.5777	0.7183	0.7183	0.4685	0.7334	0.7334	0.6777
	2015	0.7589	0.8752	0.9509	1.0191	1.0191	0.9562	0.9858	0.9858	0.9858
贷款收益率	2009	5.5217	5.5217	6.6887	6.5420	6.5420	6.6886	6.1448	6.1448	无解2
	2010	5.8235	5.3971	无解	5.8039	5.4234	无解	5.4571	5.3971	无解
	2011	6.6343	10.9672	无解	7.1094	9.4469	无解	8.1349	无解2	无解
	2014	7.7467	6.7467	8.6570	6.6674	6.6674	8.6571	6.3241	6.3241	6.6570
	2015	6.6281	7.1914	8.2180	7.4125	7.4125	8.1481	8.1420	8.1420	8.1420
配置效率	2009	5.5422	5.5422	3.2675	7.5779	7.5779	3.6213	4.2216	4.2216	无解2
	2010	5.3384	7.6107	无解	5.4379	7.9081	无解	5.1785	7.6107	无解
	2011	11.9774	10.4390	无解	13.1025	7.5636	无解	6.5951	无解2	无解
	2014	9.4096	9.4096	14.9853	9.2822	9.2822	18.4783	8.6229	8.6229	9.8229
	2015	8.7338	8.2169	8.6423	7.2736	7.2736	8.5213	8.2593	8.2593	8.2593

注："无解2"表示在Min-CVaR模型中由于模型的"最低收益率"设定较高（7%或9%），加之损失容忍度参数（$\beta=0.95$）的设定，导致模型无解，记为"无解2"。"无解"仅出现在"最低收益率"设定为7%和9%的情况下。表4-7也是如此。

表4-7 Min-C模型和传统模型样本外结果比较（各行业贷款最小配置比例0.01，最大配置比例0.5）

	年份	Min-C		Min-V		Min-C		Min-CVaR	
		最低收益率5%	最低收益率7%	最低收益率5%	最低收益率9%	最低收益率5%	最低收益率7%	最低收益率5%	最低收益率9%
不良贷款率	2009	0.9963	0.9963	2.0593	0.8124	0.8124	2.0131	1.4089	1.4089	无解2
	2010	1.0909	0.7091	无解	1.0673	0.6858	无解	1.0840	0.7091	无解2
	2011	0.5572	1.2069	无解	0.5426	1.2111	0.5672	1.2315	无解2	无解2
	2014	0.7170	0.7170	0.5702	0.6546	0.6546	0.8722	0.6381	0.6381	无解2
	2015	0.7589	0.8752	0.8860	0.7591	0.7591	6.8280	0.8089	0.8089	无解2
贷款收益率	2009	5.5217	5.5217	6.9994	6.5420	6.5420	无解	6.2630	6.2630	无解2
	2010	5.8235	5.3971	无解	5.8039	5.6472	无解	5.5911	5.3971	无解2
	2011	6.6302	9.1123	无解	7.1093	9.9321	8.6331	8.1545	无解2	无解2
	2014	6.7467	6.7467	8.7123	6.6674	6.6674	11.9538	6.3594	6.3594	无解2
	2015	6.6281	7.1914	11.5850	7.4125	7.4125	3.3918	8.5273	8.5273	无解2
配置效率	2009	5.5422	5.5422	3.3990	8.0527	8.0527	无解	4.4454	4.4454	无解2
	2010	5.3383	7.6112	无解	5.4379	8.2345	无解	5.1578	7.6107	无解2
	2011	11.8991	7.5502	15.2801	13.1023	8.2009	15.2206	6.6216	无解2	无解2
	2014	9.4096	9.4096	15.2801	10.1855	10.1855	15.2206	9.9661	9.9661	无解2
	2015	8.7338	8.2169	13.0754	9.7649	9.7649	13.7053	10.5420	10.5420	无解2

第四章
复杂网络视角下信贷市场行业配置与风险管理

本章仍然计算了此种设定的结果。此时,银行需将大部分贷款投放到房地产市场,因为房地产市场的贷款收益率较高。但是在2009年和2010年,没有行业贷款利率超过9%,所以以2009年和2010为历史数据分别预测2010年和2011年的行业贷款配置时无解。此外,需要说明的是,在这种极端设定的情况下,Min-C模型在样本外5年的投资表现上均要优于Min-V模型和Min-CVaR模型。这间接表明Min-C模型在行业风险的度量与风险分散上要明显优于Min-V模型和Min-CVaR模型。

在证券市场投资组合中,Naïve(1/N)策略绝对不容忽视。De Miguel 等(2009)提出了Naïve(1/N)投资策略,检验了市场中主流的投资模型,发现没有任何一个模型可以完全优于简单而直接的Naïve(1/N)投资策略。但是在银行信贷配置过程中,Naïve(1/N)策略(无论是等权还是市值加权)显得无所适从。无论从不良贷款率的风险分散角度,还是贷款收益率的投资业绩角度,均不如Min-V模型和Min-C模型的最优策略。为了更加真实地模拟银行信贷配置,本章接下来对各行业的最小和最大配置比例进行了限制,分别模拟了配置比例区间为[0.01,1]和[0.01,0.5]两种情况。

当最小投资比例设置为0.01,最大投资比例为1时,Min-C模型在总体要优于Min-V模型和Min-CVaR模型,同时Min-V模型和Min-CVaR模型原本投资行业集中化程度有所缓解,即使如此,Min-V模型和Min-CVaR模型的投资分散化程度仍然没有Min-C模型高。

当最小投资比例设置为0.01,最大投资比例为0.5时,可能最符合银行的实际贷款情况,既考虑了对基础设施、民生医疗、中小微等行业的支持,也防止了将贷款额度集中到房地产、金融行业(房地产和金融行业的贷款收益率在整个行业系统中最高)的风险。此时,虽然Min-V模型部分解决了贷款行业集中度的问题,但更重要的是模型需识别出不良贷款率稳定、贷款收益率高的行业。Min-C模型再一次体现出识别优质行业的性能。前文在无贷款比例约束的情形中,Min-C模型在样本外2015年的投资表现不佳,但是在配

— 89 —

◆ 金融市场行业风险传染与资产配置

置比例[0.01,0.5]的情形下相比其他投资比例约束已经有明显提高。Min-CVaR在此约束条件下,配置效率有明显提高,但是由于损失约束的限制,导致大量情况无解,尤其在最低收益率约束为9%时,所有年份均无解。

  在表4-5至表4-7中,Min-CVaR模型的配置效率和贷款收益率在2015年均高于Min-C模型。我们分析各模型的行业配置比例发现,Min-CVaR模型在2015年重仓配比了房地产行业,各种约束条件下配置比例均不低于50%。Min-C模型即使在没有投资比例约束的情况下,房地产行业的配置比例也仅有11.8%。此外,2015年房地产行业不良贷款率仅为0.81%,远低于2015年28个行业的平均不良贷款率1.32%,而在样本外的其余年份,房地产行业的不良贷款率均在平均线水平左右,具体如表4-8所示。贷款收益率方面,房地产行业一直超过所有行业的平均水平。房地产行业在2015年贷款收益率高,不良贷款率低,可以说是各大银行眼中的优质信贷配置行业。综上所述,Min-C模型在行业配置中分散了聚类风险,导致配置结果在2015年不如Min-CVaR模型。具体来看,Min-CVaR模型受单个资产的波动率影响较大,容易造成配置集中化,而Min-C模型由于是最小化聚类风险,配置策略更倾向于分散化以预防行业间风险传染导致系统性风险,故最大限度地将风险分散到关联性较低的行业中,虽然在某些"异常"的年份,Min-C模型的贷款收益率和配置效率不如Min-CVaR模型,但是Min-C模型持续稳定的风险分散能力在信贷配置这样更多考虑风险的决策中是有存在优势的。此外,类似2015年房地产行业这样贷款收益率高且违约率低的情况出现概率并不高,市场仍然遵循风险补偿的客观规律。

表4-8   样本外不同年份下房地产行业不良贷款率   单位:%

	2009年	2010年	2011年	2014年	2015年
房地产行业不良贷款率	1.93	1.26	0.97	0.91	0.81
行业平均不良贷款率	1.9317	1.2991	1.0487	0.9835	1.3226

三种不同约束条件($\omega \in [0,1]$、$[0.01,1]$ 和 $[0.01,0.5]$)下的银行信贷配置结果同时也证明了模型的稳定性。图 4-3 给出了样本外基于不良贷款率、贷款收益率和贷款配置效率三种度量指标的 Min-V 模型、Min-CVaR 模型和 Min-C 模型比较。其结果显示，Min-C 模型在银行行业信贷配置的应用上要优于 Min-V 模型和 Min-CVaR 模型。表 4-9 给出了 Min-C 模型（各行业贷款最小配置比例 0.01，最大配置比例 0.5，最符合实际情况的约束条件）下样本外不良贷款率与城市商业银行、农村商业银行和外资银行的平均不良贷款率对比结果。三种不同类型的商业银行中，外资银行的不良贷款率最低，其次是城市商业银行，最后是农村商业银行。Min-C 模型下的不良贷款率表现要明显优于农村商业银行和城市商业银行。Min-C 模型样本外表现仅在 2010 年，在最低贷款收益率约束为 5% 的情况下不如城市商业银行。不过，外资银行的不良贷款率要优于 Min-C 模型，究其原因，其贷款体量较小且业务限制范围较大。

表 4-9　Min-C 模型和不同类型银行样本外不良贷款率比较

（各行业贷款最小配置比例 0.01，最大配置比例 0.5）　　单位:%

		Min-C 模型			银行种类		
		贷款最低收益率5%	贷款最低收益率7%	贷款最低收益率9%	城市商业银行	农村商业银行	外资银行
不良贷款率	2009 年	0.8124	0.8124	2.0131	1.3	2.8	0.9
	2010 年	1.0673	0.6858	无解	0.9	1.9	0.5
	2011 年	0.5426	1.2111	无解	0.8	1.6	0.4
	2014 年	0.6546	0.6546	0.5672	1.16	1.87	0.81
	2015 年	0.7591	0.7591	0.8722	1.4	2.5	1.2

注：城市商业银行、农村商业银行和外资银行的不良贷款率数据来自 Wind 数据库。

◆ 金融市场行业风险传染与资产配置

由于银行信贷市场的收益还和贷款期限有较大的关系,故本章将研究样本分为短期贷款和中长期贷款分别研究,结果如表4-10所示。通过表4-10可以发现,短期贷款的收益率要明显低于长期贷款。此外,对比表4-7我们可以发现,当没有将样本分为短期贷款和中长期贷款时,Min-C模型在最低收益率设定为9%的情况下,仅在2010年和2011年模型无解。当样本分为短期和中长期贷款后,短期贷款中,在最低收益率设定为9%的情况下,模型在所有年份均无解,而在中长期贷款中,结果相反,模型在最低收益率设定为9%的情况下有解年份比不分样本时多一个。上述实证结果也验证了短期贷款的收益率要明显低于长期贷款。综上所述,银行若想提高贷款收益率,可以通过增加长期贷款的方式。大型企业由于发展实力、资金流动等方面一般要优于中小型企业,故大型企业长期贷款的违约率一般低于中小型企业,可考虑通过多配置大型企业的长期贷款提高信贷配置效率。

表4-10 Min-C模型在短期和中长期贷款配置下的收益率表现

(各行业贷款最小配置比例0.01,最大配置比例0.5) 单位:%

		Min-C(短期)			Min-C(中长期)		
		最低收益率5%	最低收益率7%	最低收益率9%	最低收益率5%	最低收益率7%	最低收益率9%
贷款收益率	2009年	5.4428	5.5905	无解	7.2452	7.2452	7.5905
	2010年	4.8136	无解	无解	6.8101	6.8101	无解
	2011年	6.7322	无解	无解	8.1394	8.7322	无解
	2014年	5.6674	6.0349	无解	7.4728	7.4728	8.0349
	2015年	6.2865	7.3254	无解	8.5326	8.5326	9.3254

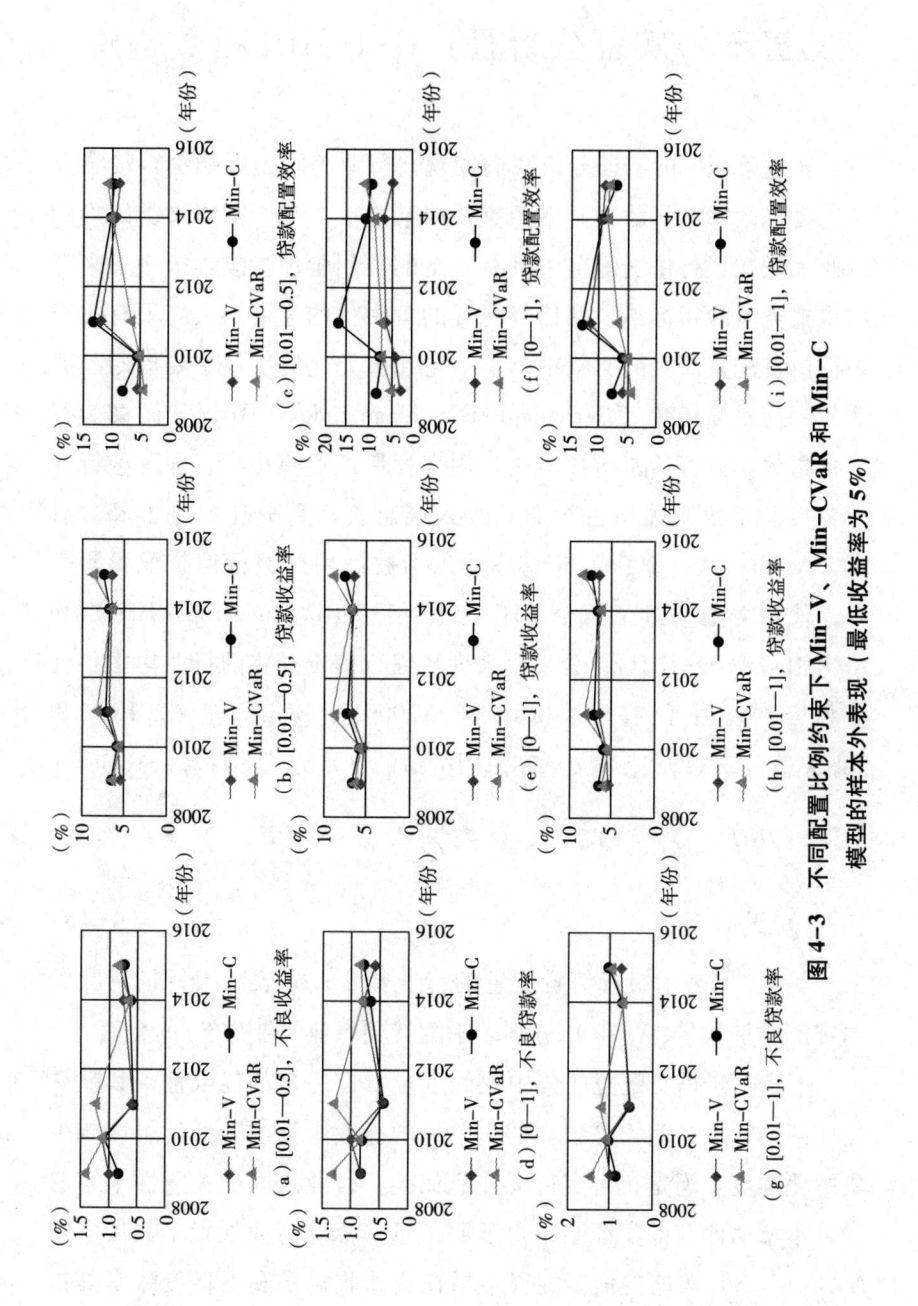

图 4-3 不同配置比例约束下 Min-V、Min-CVaR 和 Min-C 模型的样本外表现（最低收益率为 5%）

第五节 实证分析Ⅲ：C-I-HHI 指数构建

通过第四节的实证分析我们发现，行业关联是影响银行信贷业务不良贷款率和贷款收益率的重要因素之一，基于网络聚类风险的行业关联在银行信贷配置中具有一定的实用价值。故本章接下来考虑将聚类风险指标纳入到信贷配置的集中化的度量中去。现有关于银行信贷配置研究的文献中，集中化和多元化的度量主要借用赫芬达尔—赫希曼指数（Herfindahl-Hirschman Index，HHI），简称赫芬达尔指数。赫芬达尔指数最初是用来度量产业集中度，即一个行业中各市场竞争主体所占行业总收入或总资产百分比的平方和。后来，Acharya 等（2006）将赫芬达尔指数运用到银行信贷配置研究中，他在文中构造了两个 HHI 指数：I-HHI（Industrial-HHI）和 A-HHI（Asset-HHI），分别用来度量银行信贷配置的行业集中化程度和资产集中化程度。Rossi 等（2009）、Berger 等（2010）和 Tabak 等（2011）三篇文章亦采用类似的度量方式。计算公式如下：

$$I-HHI = \sum_{i=1}^{n} (X_i/Q)^2, \quad Q = \sum_{i=1}^{n} X_i, \quad A-HHI = \sum_{j=1}^{m} (Y_j/Q_1)^2,$$

$$Q_1 = \sum_{j=1}^{m} Y_j \tag{4-13}$$

其中，n 表示银行信贷配置的行业数量；m 表示银行信贷配置的资产类别数量；X_i 和 Y_j 分别表示配置到行业 i 和资产 j 的金额。

上述对于信贷配置的集中化的度量具有一定的局限性，其默认任何两个行业之间均是独立的，单纯的行业个数的降低就可以减少集中化程度。但是，事实情况并非如此，行业之间的关联性不容忽视，本章第四节的实证结果也证明了这一点。行业配置个数最多的 Naïve（1/N）策略的信贷配置结果在贷款收益率和不良贷款率等指标上均不如 Min-V、Min-CVaR 和 Min-C 模型。因此，本章在第二

第四章
复杂网络视角下信贷市场行业配置与风险管理

节行业关联网络的基础上,提出了一种新的信贷配置集中化度量方法,将行业之间的关联程度和聚类特征纳入集中化的度量指标。

定义 4-3:设银行将信贷资金配置到 n 个行业的数量分别为 X_1, X_2, $\cdots$, X_n, n 个行业的聚类风险分别为 C_1^{in}, C_2^{in}, $\cdots$, C_n^{in}, 定义该银行信贷配置的集中化程度为:

$$C\text{-}I\text{-}HHI = \sum_{i=1}^{n}(X_i(\hat{C}_i^{in})^k/Q)^2, \quad Q = \sum_{i=1}^{n} X_i \qquad (4\text{-}14)$$

其中,k 表示行业聚类风险整体敏感指数[①]。当所有行业聚类风险都处于一个较小范围,即行业聚类风险差异不明显时,$k=2$,否则,$k=1$。$\hat{C}_i^{in}$ 表示归一化的聚类风险,为了保证 $C\text{-}I\text{-}HHI$ 的取值范围在 $[0,1]$,且当银行将所有的信贷资金配置到一个行业时,满足 $C\text{-}I\text{-}HHI=1$ 的条件,设定:$\hat{C}_i^{in} = C_i^{in}/(C_1^{in}+C_2^{in}+\cdots+C_n^{in})$[②]。$Q$ 表示银行信贷配置总额。定义 4-3 既考虑了行业个数分散对于不良贷款率和贷款收益率的影响,又兼顾了行业之间的关联关系和聚类特征。根据定义 4-3,我们计算了不同行业选取规则和行业选取个数情况下对应的 $C\text{-}I\text{-}HHI$ 值计算结果,如表 4-11 和表 4-12 所示[③]。

表 4-11　2013 年不同行业选取规则和行业选取个数情况下对应的 $C\text{-}I\text{-}HHI$ 值

行业个数（个）	5	7	10	13	15
1/N 策略下的 HHI 值	1/5	1/7	1/10	1/13	1/15
"高聚类风险"行业组	0.5931	0.4592	0.2924	0.2091	0.1722
"低聚类风险"行业组	0.2240	0.1756	0.1402	0.1198	0.1105

[①] 由于行业聚类风险随着经济环境的下行或上行而改变,其数值差异的"大"或者"小"没有一个严格的判断标准,故本章提出一个确定 k 值的初步方法。若聚类风险的标准差小于等于 3,$k=2$;若聚类风险的标准差大于 3,$k=1$。

[②] 采用吸收型聚类风险进行计算。

[③] 由于篇幅所限,文章仅展示了 2013 年和 2014 年的 $C\text{-}I\text{-}HHI$ 值,感兴趣的读者可以向笔者索取其他年份的 $C\text{-}I\text{-}HHI$ 值。

◇ 金融市场行业风险传染与资产配置

续表

行业个数（个）	5	7	10	13	15
"不良贷款率指标最优"行业组	0.3011	0.2284	0.1935	0.1414	0.1203
"贷款收益率指标最优"行业组	0.2953	0.2213	0.1745	0.1644	0.1418
"随机"行业组	0.4363	0.2859	0.2269	0.1632	0.1468

表 4-12 2014 年不同行业选取规则和行业选取个数情况下对应的 $C\text{-}I\text{-}HHI$ 值

行业个数（个）	5	7	10	13	15
1/N 策略下的 HHI 值	1/5	1/7	1/10	1/13	1/15
"高聚类风险"行业组	0.7052	0.4877	0.3224	0.2313	0.1910
"低聚类风险"行业组	0.1394	0.1376	0.1278	0.1193	0.1147
"不良贷款率指标最优"行业组	0.2306	0.2605	0.1825	0.1422	0.1291
"贷款收益率指标最优"行业组	0.2394	0.2219	0.1794	0.1543	0.1392
"随机"行业组	0.6771	0.3755	0.2469	0.1634	0.1381

如表 4-11 和表 4-12 所示，$C\text{-}I\text{-}HHI$ 值随着行业个数的增加而下降，此结果满足了初始 HHI 的定义：当信贷配置行业个数不断减少时，HHI 的数值越接近于 1。但是区别于 HHI 定义，$C\text{-}I\text{-}HHI$ 考虑了行业聚类风险，故当我们行业选取规则不同时，即便是行业个数相同时，$C\text{-}I\text{-}HHI$ 值差别仍然很大，这一点是传统的 HHI 度量无法做到的。具体分析不同行业选取规则下的 $C\text{-}I\text{-}HHI$ 值，我们发现由于 $C\text{-}I\text{-}HHI$ 的定义相当于运用了每个行业的聚类风险作为加权系数，故"高聚类风险"行业组比"低聚类风险"行业组的值要高很多，但是随着行业个数的不断增加，"高聚类风险"行业组与"低聚类风险"行业组的 $C\text{-}I\text{-}HHI$ 值在不断减小，原因在于高聚类风险行业在整个行业类别中为数不多，当银行信贷所配置的行业个数达到一定数量时，会稀释高聚类风险行业对银行信贷配置的影响。"不良贷款率指标最优"行业组和"贷款收益率指标最优"行业组的 $C\text{-}I\text{-}HHI$ 值位于"高、低聚类风险"行业组中间，且接近"低

聚类风险"行业组的 $C\text{-}I\text{-}HHI$ 值。再一次说明了银行信贷配置应该倾向于低聚类风险行业，与文章第三节中 $Min\text{-}C$ 模型的结论一致。"随机"行业组的 $C\text{-}I\text{-}HHI$ 值分布较为分散，但仍然满足"行业个数的增加，会导致 $C\text{-}I\text{-}HHI$ 值下降"的规律。再次证明了本章所构建的 $C\text{-}I\text{-}HHI$ 指标的合理性。

回看表4-5我们发现，$Min\text{-}C$ 模型的最优配置策略在不良贷款率、贷款收益率等指标上要优于 $Min\text{-}V$ 模型、$Min\text{-}CVaR$ 模型的最优配置策略。究其原因，$Min\text{-}C$ 模型的最优策略不仅在行业配置个数方面呈现多元化特征，而且分散了行业间聚类风险，$Min\text{-}V$ 模型和 $Min\text{-}CVaR$ 模型的最优策略在行业配置个数上集中化严重，也没有考虑行业间的聚类风险。此外，由于 Naïve 策略仅仅考虑了行业配置个数的多元化，并没有考虑行业间聚类风险，故 Naïve 策略下的信贷配置效率也不如 $Min\text{-}C$ 模型。综上所述，在以 $C\text{-}I\text{-}HHI$ 指标作为集中化的度量标准下，我国银行信贷配置多元化优于集中化。

第六节　稳健性检验

通过第五节的实证分析我们发现，聚类风险是影响银行信贷业务不良贷款率和贷款收益率的重要因素之一。稳健性检验中本章直接采用聚类风险指标进行银行信贷配置。并在此基础上将聚类风险指标纳入到信贷配置的集中化的度量中去，提出一种新的信贷配置集中化度量指标 $C\text{-}I\text{-}HHI$。

稳健性检验的具体操作为：首先，分别设定银行信贷配置行业个数为5、7、10、13、15。其次，银行选择4种不同的行业选取规则确定具体配置的行业：①聚类风险高的行业；②聚类风险低的行业；③随机选取的行业；④上一年度表现好的行业（两个参考指标：不良贷款率和贷款收益率）。最后，分别计算在上述四种不同的行业选取规则和不同配置行业个数下银行的不良贷款率、贷款收

◇ 金融市场行业风险传染与资产配置

益率和贷款配置效率。为了避免不同的模型对银行信贷配置结果产生的影响，本章参考 Peralta 和 Zareei（2016）的做法，模型的稳健性检验中均采用等权的方法对不同规则挑选出来的股票进行配置。该过程也可进一步回答银行信贷配置应该集中化还是多元化[①]。

表4-13是选取2014年银行信贷配置中的"高聚类风险"行业、"低聚类风险"行业、"不良贷款率指标最优"行业、"贷款收益率指标最优"行业和"随机"行业（行业个数分别选取5、7、10、13和15）直接在2015年运用1/N策略（等权）[②]进行配置下的不良贷款率、贷款收益率和贷款配置效率。表4-13的行业选取规则较符合我国现有的银行信贷配置行业选取规则，即根据历史数据的不同指标确定下一年的贷款行业。在这样的规则下，无论选取多少个行业进行配置，"低聚类风险"行业组仍然要优于"不良贷款率指标最优"行业组和"贷款收益率指标最优"行业组。究其原因，聚类风险指标是根据行业上下游特征和聚类特征构建而来，其指标的延续性要优于不良贷款率和贷款收益率等指标。而且"低聚类风险"行业组的表现要显著优于"高聚类风险行业"行业组，再次证明了银行信贷中行业聚类风险是一类重要风险来源。

表4-13 2014年数据结合1/N策略进行信贷配置下的2015年银行不良贷款率、贷款收益率和贷款配置效率

行业个数（个）	5	7	10	13	15
1/N策略下的 *HHI* 值	1/5	1/7	1/10	1/13	1/15

---

① 由于我国各大银行没有公布其信贷业务的具体数据（贷款给哪些公司），故本章无法运用回归检验银行信贷配置应该是集中化还是多元化，只能使用分组检验的方法回答集中化还是多元化的问题。

② 本章参考 Peralta 和 Zareei（2016）中稳健性检验方法，选取1/N策略进行稳健性检验。这是因为 Min-C 模型和 Min-V 等模型都包含一种风险度量指标（分别是聚类风险和方差风险），而1/N模型不包含风险度量指标，属于基准模型。在稳健性检验中，我们从数据分析的角度检验聚类风险指标的有效性，在不同行业选取规则选定行业后运用1/N模型配比，可以避免其他因素的干扰。

续表

	行业个数（个）	5	7	10	13	15
不良贷款率	"高聚类风险"行业组	2.3100	2.1770	2.2129	2.2345	2.0553
	"低聚类风险"行业组	1.0540	0.9529	0.8210	0.8585	0.8173
	"不良贷款率指标最优"行业组	1.0980	0.9986	1.0170	1.1500	1.3099
	"贷款收益率指标最优"行业组	1.0760	1.1800	1.2000	1.6553	1.7959
	"随机"行业组	2.3100	1.2941	1.7360	1.8823	1.8259
贷款收益率	"高聚类风险"行业组	5.9499	6.1301	6.0859	5.9820	5.1082
	"低聚类风险"行业组	7.1448	7.0305	6.9213	6.5330	6.4884
	"不良贷款率指标最优"行业组	6.9300	6.9302	6.6793	6.5433	6.4730
	"贷款收益率指标最优"行业组	6.9648	7.0299	7.0785	6.8177	6.6815
	"随机"行业组	5.9499	6.9053	6.0956	6.6094	6.2977
贷款配置效率	"高聚类风险"行业组	2.5757	2.8158	2.7502	2.6771	2.4854
	"低聚类风险"行业组	6.7787	7.3780	8.4303	7.6098	7.9388
	"不良贷款率指标最优"行业组	6.3115	6.9399	6.5676	5.6898	4.9416
	"贷款收益率指标最优"行业组	6.4729	5.9575	5.8988	4.1187	3.7204
	"随机"行业组	2.5757	5.3360	3.5113	3.5113	3.4491

此外，通过比较 1/N 策略下的 HHI 值和不同行业选取规则下的不良贷款率、贷款收益率和贷款配置效率，我们发现，HHI 值（行业集中化程度）和信贷配置表现不存在明显的线性关系，和历史文献的结论保持一致。最后，本章检验 C-I-HHI 值和信贷配置表现之间是否存在线性关系或者说 C-I-HHI 值和信贷配置表现之间的线性关系是否强于 HHI 与信贷配置表现之间的线性关系。利用如下线性回归模型进行检验：

$$y = \alpha_0 + \alpha_1 \times C\text{-}I\text{-}HHI + \alpha_2 \times HHI + \varepsilon \tag{4-15}$$

其中，被解释变量 y 选取不良贷款率、贷款收益率和贷款配置效率三个指标。回归结果如表 4-14 所示。与 HHI 指标相比，C-I-HHI 的确提高了对不良贷款率、贷款收益率和贷款配置效率的解释力度。从这个意义上讲，基于 C-I-HHI 的集中性度量要优于基于 HHI 的集中性度量。C-I-HHI 越低，即网络聚类风险加权的分散度越高，银行信贷配置表现越好。

表 4-14　　　　　　模型（4-15）的回归结果

	不良贷款率	贷款收益率	贷款配置效率
C-I-HHI	3.1395*** (0.5480)	-2.5712*** (0.5564)	-10.8638*** (2.2086)
HHI	-6.2575* (1.7678)	7.3510** (1.7950)	24.4256* (7.1249)
Constant	1.4544*** (0.1803)	6.2949*** (0.1831)	4.8239*** (0.7267)

注：***、**、*分别表示1%、5%和10%的显著性水平。

第七节　本章小结

结合现有银行信贷配置在风险管理方面的不足，尤其在对行业风险进行评估的过程中没有考虑行业间的整体关联性和聚类特征，本章首先运用复杂网络方法构建了行业收益率溢出效应关联网络，结合历史文献采用网络聚类系数度量行业聚类风险，识别了四种聚类风险类型（循环型、中介型、吸收型、扩散型），细化了风险传染过程，分析了四种风险的动态变化趋势。其次，结合聚类风险类型提出了银行信贷配置（分行业）的 Min-C 模型，通过网络方法为银行的信贷业务提供了量化解决思路。最后，结合网络聚类风险指标和赫芬达尔指数，构建了银行信贷配置集中化程度的新的度量指标 C-I-HHI（Clustering-Industry-HHI）。新的度量指标不仅可以为银行信贷配置的风险衡量提供直接参考，还提供了银行信贷配置是集中化还是多元化更优争论的新的分析思路。

聚类风险的分析结果表明，国家应重点防范以传媒、通信、房地产、银行和非银金融等第三产业为代表的风险扩散型行业，上述

第四章
复杂网络视角下信贷市场行业配置与风险管理

行业如果发生风险，将对整个行业系统影响较大。此外，我国行业间的主要聚类风险类型为风险吸收型，应通过上下游供应链调整、行业自身技术升级等手段降低行业关联性，减少行业吸收风险。循环型聚类风险行业有纺织服装、轻工制造和综合行业。中介型聚类风险行业多为家用电器、食品饮料、医药生物、农林牧渔等民生行业。循环型和中介型行业面临的关联风险较少，尤其在金融危机来临之际，可通过整个行业系统进行风险分散。行业聚类风险的研究结果还表明，银行业和非银金融业虽然在自身行业内部面临较大的系统性金融风险，但是在整个28个行业关联网络中其聚类风险较小。

无论是国有银行还是商业银行在进行信贷配置时，不可忽略行业关联和聚类带来的风险。关于聚类风险的度量，本章的实证研究表明，聚类系数在度量行业聚类风险中具有一定的优势。Min-C模型不仅在不同约束条件下优于传统的 Naïve（1/N）策略和 Min-V 模型，同时，基于 Min-C 模型配置结果下的不良贷款率要优于城市商业银行和农村商业银行的平均不良贷款率。Min-C 的提出规避了已有关于银行信贷配置是集中化还是多元化结论不一致的问题。即使银行信贷配置的行业个数较多、多元化明显，但是若所配置的行业属于同一聚类特征，也无法达到分散风险的效果。银行信贷配置究竟是集中化还是多元化要取决于所配置行业的网络聚类特征。

本章构建了银行信贷配置集中化程度的新的度量指标 $C-I-HHI$，实证分析表明，传统的信贷配置集中化指标 HHI 仅考虑了行业个数的多元化，忽略了行业上下游特征和关联特征。基于网络聚类风险的信贷配置集中化度量指标 $C-I-HHI$ 在传统的 HHI 指数基础上利用网络聚类风险进行加权计算，在保留传统 HHI 指数性质的基础上，不仅为银行信贷配置的风险衡量提供直接参考，还提供了银行信贷配置是集中化还是多元化更优争论的新的分析思路。

第五章

复杂网络视角下基金市场行业配置与风险管理

第一节 研究问题

基金市场是我国金融市场的重要组成部分。根据中国人民银行的调查显示，基金已经成为我国家庭仅次于银行存款的第二大金融资产、第一大投资产品。截至 2020 年 12 月底，我国境内共有基金管理公司 132 家，仅公募基金的资产净值就达到了 19.89 万亿元，其中开放式基金的数量 6770 只，封闭式基金的数量 1143 只[1]。同期，中国股票市场的全部 A 股数量也仅仅只有 4312 只。2020 年虽然受疫情影响困难重重，但是 2020 年年内共成立 1435 只基金，合计募集资金约 3.16 万亿元，较 2019 年新成立基金数量和规模分别增长 38% 和 122%，创下公募基金成立以来的历史新高。此外，自 2020 年 4 月推出《关于推进基础设施领域不动产投资信托基金（REITs）试点相关工作的通知》以来，我国公募 REITs 试点的工作一直在有条不紊地进行。按照当前进度，首批公募 REITs 产品预计

---

[1] 数据来源：中国基金业协会 2020 年 12 月数据发布。

第五章
复杂网络视角下基金市场行业配置与风险管理

将在2021年上半年问世,为投资人提供了一种全新的资产配置可选标的。

基金市场研究也是金融经济学领域的重要研究方向之一,尤其是主动型管理基金行业的基金业绩、基金市场规模和基金经理的努力程度三者之间的关系。关于主动型管理基金的业绩来源,也就是基金超额收益的来源,历史文献主要有三种观点:第一,基金规模递减效应。随着主动型管理基金规模的增加,该基金超越基准收益的能力就会下降(Berk and Green, 2004;陆蓉等,2007;Pastor and Stambaugh, 2012)。第二,行业规模竞争效应。随着主动型管理基金市场份额的增加,不同基金之间的竞争程度也会增加,导致获取超额收益的难度变大(Pastor and Stambaugh, 2012;Pastor et al., 2015;Feldman et al., 2020)。第三,基金经理的努力程度和技能(Cohen et al., 2008;Cohen et al., 2010;孟庆斌等,2015;刘莎莎等,2013;申宇等,2016)。前两种观点都是基于市场流动性而引起的。在基金规模层面,规模大的基金的交易对资产价格的影响较大,从而降低了基金的业绩。在行业规模层面上,随着基金参与竞争的规模不断扩大,价格会发生波动,这使得获取超额收益的机会越来越难把握。第三种观点则是从基金经理的个人特征和努力程度角度分析其对基金业绩的影响。

本章则是在构建基金行业配置距离网络、运用聚类系数指标度量基金风险的基础上综合考虑基金规模、行业规模和基金经理的努力程度对基金超额收益的影响。参考Feldman等(2020)的模型,我们构建了包括基金经理和投资者在内的优化问题。我们假设基金经理在不同的市场条件下(基金市场行业发展集中度 H、基金市场行业配置聚类程度 K)选择自己的努力程度,而投资者则最大化基金组合的夏普比率。关于基金经理个人特征和努力程度,本章并没有从传统指标,例如从业年龄、性别、文化程度和校友圈子等角度去考虑,而是直接考察基金经理所配置的股票所属行业及比例,这样的考察方式更具有结果导向。本章在基金行业配置网络的基础上

◆ 金融市场行业风险传染与资产配置

选取了基金经理行业配置集中度（IC）和基金经理行业配置聚类程度（IK）度量基金经理的努力程度。我们首先求解了基金经理和投资者优化问题的局部均衡策略，推导出了局部均衡策略下基金市场行业发展集中度（H）、基金市场行业配置聚类程度（K）以及基金经理的努力程度和基金超额收益的单调性关系。对比 Feldman 等（2020）的研究，我们寻找到了更适合中国基金市场的行业发展度量指标（基金市场行业配置聚类程度，K）。此外，我们运用基金行业配置数据量化了 Feldman 等（2020）模型中的基金经理努力程度变量。参考 Feldman 等（2020）的研究结论，我们还发现中国基金市场相比美国基金市场具有更强的异质性。在理论模型的基础上，我们运用 Pastor 等（2015）提出的递归估计方法进行实证分析。最后，基于理论结果和实证分析，我们还构建了基于基金经理努力程度的基金筛选策略，形成了一个"理论模型+实证分析+投资策略"的环环相扣的研究框架。

本章的核心变量：基金市场行业配置聚类程度（K）和基金经理行业配置聚类程度（IK）均是通过第四章银行信贷市场网络中的无向网络聚类风险指标构建，进一步说明了聚类风险指标在不同金融市场中有着广泛的应用。具体而言，本章以股票型和偏股型基金为节点，基金投资组合中的行业配置距离为边，构建了基金市场行业配置的无向加权网络。以网络中节点的聚类风险作为基金经理行业配置聚类程度（IK）的度量，以网络中所有节点聚类风险的平均值作为基金市场行业配置聚类程度（K）的度量。

复杂网络方法基金市场中应用日趋成熟。Hoberg 等（2018）运用复杂网络方法得到任意两个基金之间竞争程度的度量指标，并提出了一种基于基金投资风格来识别基金竞争对手的方法。Rossi 等（2015）构建了养老基金的复杂网络，分析了养老基金在其网络中的位置与基金的投资业绩、风险承担和资金流动之间的关系。Rossi 等（2018）运用基金市场的委托代理关系构建网络，并得出网络中心性与风险调整绩效之间存在正相关关系的结论。罗荣华等

(2020)运用基金持仓数据,构建了不同基金之间的重仓持股网络。本章在构建基金网络时,使用的是基金投资组合中行业配置的数据,并没有直接使用股票配置的数据,主要是由于股票的分散度较高,而行业则相对集中。

第二节 模型构建

本节首先基于基金投资组合中的行业配置数据构建基金行业配置距离网络,在此基础上定义基金市场行业配置聚类程度指标(K)和基金经理行业配置聚类程度指标(IK)。其次在 Feldman 等(2020)文章的基础上,构建了包括基金经理和投资者在内的优化问题。Feldman 等(2020)在 Pastor 和 Stambaugh(2012)的研究基础上构建了一个主动型管理基金行业集中度对基金经理努力程度、基金费率、基金业绩、主动型管理基金规模和基金收益影响机制的理论框架。本章的研究内容则聚焦于上述变量对基金收益的影响,分析基金收益的风险来源并构造基金筛选的投资策略,但是文章通过实证分析发现,在中国基金市场主动型管理基金行业集中度指标对基金收益并没有显著的影响[①]。为此,本章在 Feldman 等(2020)模型的基础上提出了适合度量中国市场的基金市场行业配置聚类程度指标,并将基金经理的努力程度量化为基金经理行业配置集中度和基金经理行业配置聚类程度。最后,本章推导出局部均衡策略下基金市场行业配置聚类程度和基金经理努力程度与基金业绩的关系。

一 基础网络构建

在构建基金网络之前,我们首先要定义两个基金之间的行业配置距离的概念。本章参考欧式空间中物理距离的定义,我们将两个

[①] 实证分析的结果见第五章第五节表 5-2。

◇ 金融市场行业风险传染与资产配置

基金的行业配置距离定义为两个基金投资组合行业配置比例向量之差的二范数的平方。具体公式为

$$Dis_{i,j} = \sum_{k=1}^{Q}(x_{i,k}-x_{j,k})^2 \tag{5-1}$$

其中，$x_{i,k}$ 表示行业 k 在基金 i 的股票投资组合中所占比例，$x_{j,k}$ 表示行业 k 在基金 j 的股票投资组合中所占比例。Q 表示行业分类中所有行业总数。

其次，本章以中国基金市场股票型和偏股型基金为节点，基金之间的行业配置距离 $Dis_{i,j}$ 为边，构建基金行业配置距离网络。由于 $Dis_{i,j}$ 为连续实变量，且 $Dis_{i,j} = Dis_{j,i}$（$\forall i, j$）。故本章所构建的基金行业配置距离网络为无向加权网络。

最后，本章借鉴第四章银行信贷网络中的聚类风险指标，构建本章中的两个核心变量：基金市场行业配置聚类程度（K）和基金经理行业配置聚类程度（IK）。具体计算公式见第三节数据和基本指标构建。

关于选取行业配置聚类程度（IK）作为基金经理努力程度的度量，主要有以下三个原因：

第一，关于基金经理努力程度的度量，历史文献主要有三个研究方向：一是通过基金的某些个体特征。二是通过对基金收益指标的分析来衡量基金经理的能力。三是基金投资组合与特定基准组合之间的偏离程度。本章构造的基金经理行业配置聚类程度正是在第三种度量方式的基础上演化而来。

第二，基金经理行业配置聚类程度指标不仅度量了基金行业配置在整个行业基金市场与其他基金的相似程度，还度量了与其行业配置距离较远的基金之间的相似度。若该指标数值越大，说明了该基金首先与其他基金之间的行业配置距离较大，同时也说明了，与其行业配置距离较远的其他基金之间的行业配置距离也越大。具体而言，若基金 A 与基金 1 和基金 2 之间的行业配置距离都很远，从风险分散的角度来说，我们可以同时购买基金 A、基金 1 和基金 2，但是行业配置聚类程度指标可以同时考虑基金 1 和基金 2 之间的行

业配置距离，若基金 1 和基金 2 之间的行业配置距离较小，那么从风险分散的角度，我们在基金 1 和基金 2 之间选择一只基金配置就好了，没有必要两只基金都配置。故基金经理行业配置聚类程度指标可以识别到基金经理在此方面的努力程度。

第三，由于基金经理在行业配置上努力的方向可能有所不同，本章除了运用基金经理行业配置聚类程度指标度量基金经理的努力程度之外，还考虑了基金经理在行业配置集中度方面的努力程度。基金筛选策略也是综合考虑基金经理在这两个方向的努力程度。

二 基金市场的模型设定

参考 Pastor 和 Stambaugh（2012）、Feldman 等（2020）的模型设定，我们假定基金市场主要有两类代理人，M 只股票型基金对应的 M 位基金经理，$M > 1$，N 位投资者，$N \geq 1$。在市场竞争中，基金经理设定一定比率的管理费并选择自己的努力程度来最大化超额收益以吸引更多的投资者。投资者则挑选不同的基金来最大化投资组合的夏普比率。

基金的超额收益率满足如下方程：

$$r_F = \alpha + \beta r_p + u \tag{5-2}$$

其中，r_F 为 $M \times 1$ 维列向量，元素为 $r_{F,i}$，$i = 1, \cdots, M$，表示根据基金 i 的净值变化计算的收益率，α 表示超额收益因子向量，β 表示基金的 Beta 因子向量，r_p 表示基金的基准收益 [基准收益可以运用单指数模型、三因子或五因子模型计算，$E(r_p) = u_p$，$Var(r_p) = \sigma_p^2$]，u 表示残差向量，满足如下方程：

$$u_i = z + \varepsilon_i \tag{5-3}$$

其中，z 表示残差项的共同因子，$z \sim N(0, \sigma_z^2)$，$\varepsilon_i \sim N(0, \sigma_\varepsilon^2)$。

本章在 Feldman 等（2020）的模型基础上，加入基金市场行业配置聚类程度指标 K，将超额收益因子 α 进行如下分解：

$$\alpha_i = a - b\frac{S}{W} + A(e_i; H, K) - f_i \tag{5-4}$$

其中，a 表示截距项；b 表示基金收益随行业规模递减的比率；

◆ 金融市场行业风险传染与资产配置

S 表示股票型基金的市场份额；W 表示基金行业的市场份额总值；$A(e_i; H, K)$ 表示基金经理的生产率；e_i 表示基金经理 i 的努力程度（两种度量方式：基金经理行业配置集中度和基金经理行业配置聚类程度）；H 和 K 表示市场竞争程度，其中 H 表示股票型基金在基金市场中的集中度，K 表示基金市场行业配置聚类程度，反映了整个基金市场行业配置的相似程度，基金经理正是在 H 和 K 的市场条件下选择自己的努力程度；f_i 表示基金 i 的费率。

Feldman 等（2020）在 Pastor 和 Stambaugh（2012）的文章基础上考虑了基金经理的努力程度和主动型基金行业集中化程度，本章则是在 Feldman 等（2020）的文章基础上将基金经理的努力程度进行量化，同时增加了基金市场行业配置聚类程度指标。

假设 5-1：基金经理的生产率 $A(e_i; H, K)$ 具有如下函数特征：

(1) 当 $e_i = 0$ 时，$A(e_i; H, K) = 0$。即当基金经理的努力程度为 0 时，基金经理的生产率为 0。

(2) $\dfrac{\partial A(e_i; H, K)}{\partial e_i} > 0$，$\dfrac{\partial^2 A(e_i; H, K)}{\partial e_i^2} < 0$。即基金经理越努力，其生产效率越高，且努力程度的边际效用是递减的。

(3) $\dfrac{\partial A(e_i; H, K)}{\partial H} > 0$，即股票型基金在基金市场中的集中程度越高，基金的生产效率越高。股票型基金的集中程度越高，市场投资机会就越多，行业资源的使用效率也就越高。因为在一个集中化程度高的市场，如果一个基金经理控制了大部分行业资源，并开发出高级策略来产生超额收益，其他基金就可以模仿该基金的策略，在特定的努力程度下产生更高的超额收益。因此，对于给定的努力程度 e_i，基金经理可以有更高的生产效率。

(4) $\dfrac{\partial A(e_i; H, K)}{\partial K} > 0$，即基金市场行业配置聚类程度越大，基金的生产效率就越高。基金市场行业配置聚类程度越大，不同基金之间行业配置距离就越大,行业分布则越广,整个基金市场的行业配置对整个行业系统的覆盖程度就越高,行业的配置效率也就越高,更容易带来更高的基金生产率。

$A(e_i; H, K)$ 中的变量 H 和 K,均假设为外生变量。这是因为产业组织理论认为,主动型管理基金的行业集中程度和聚类程度不仅取决于基金市场的现有规模,还取决于未来基金市场的发展规模以及市场监管政策和相关行业的竞争力等(Claessens 和 Laeven,2003)。

三 构建均衡模型

(一)投资者的优化问题

假设投资者 j 在股票基金市场的投资比例为 ω_j,ω_j 为 $M\times 1$ 维的列向量,其中元素为 ω_{ji}($i=1, 2, \cdots, M$)表示投资者 j 在 M 个股票基金中的投资比例。投资者 j 的收益率为:

$$r_j = \omega'_j r_F + (1-\omega'_j I_m) r_p \tag{5-5}$$

其中 I_m 表示元素均为 1 的 m 维列向量,上标 T 表示转置算子。参考 Feldman 等(2020)的模型设定,我们假设所有基金的基准 β 均等于 1,联立式(5-4)和式(5-7)可得:

$$r_j = r_p + \omega'_j(\alpha + u) \tag{5-6}$$

结合式(5-5)、式(5-6)式和式(5-8)我们可以求出 r_j 的期望和方差。

$$E(r_j) = \mu_p + \omega'_j E(\alpha) \tag{5-7}$$

$$Var(r_j) = \sigma_p^2 + [\sigma_a^2 + \sigma_z^2 + \sigma_b^2(\frac{S}{W})^2](\omega'_j I_m) + \sigma_\varepsilon^2(\omega'_j \omega_j) \tag{5-8}$$

投资者的投资目标为最大化夏普比率,即

$$\min_{\omega_j} \frac{E(r_j)}{\sqrt{Var(r_j)}}$$

s.t. $\omega'_j I_m \leq 1$,

$\omega_{ji} \geq 0, \forall i$ \qquad (5-9)

(二) 基金经理的优化问题

基金经理会综合考虑基金规模和自己的努力程度来确定基金的费率 f_i, 我们定义基金经理的努力成本函数为 $C^i(e_i, s_i; H, K)$, 基金经理的收益函数为:

$$s_i[f_i - C^i(e_i, s_i; H, K)] \tag{5-10}$$

对于基金 i, 一个隐形的约束条件（基金经理的参与约束）为:

$$f_i - C^i(e_i, s_i; H, K) \geq 0 \tag{5-11}$$

对于基金经理的成本函数 $C^i(e_i, s_i; H, K)$, 参考 Feldman 等 (2020) 的模型设定, 我们考虑其三个组成部分: ①$c_{0,i}$ 表示基金在投资者购买和基金经理 i 投入努力成本之前的市场运作平均成本; ②$c_{1,i}s_i$ 表示受基金规模影响的基金运作成本; ③$c_{2,i}(e_i; H, K)$ 表示基金经理在不同市场竞争程度下的努力成本。具体表达式如下:

$$C^i(e_i, s_i; H, K) = c_{0,i} + c_{1,i}s_i + c_{2,i}(e_i; H, K) \tag{5-12}$$

无论是在中国金融市场还是美国金融市场，由于基金行业竞争较为激烈，故一般假设基金经理的努力成本 c_2 关于 H 和 K 的一阶倒数和二阶倒数均大于 0。

基金经理 i 的最优化问题为:

$$\max_{e_i, f_i} s_i[f_i - C^i(e_i, s_i; H, K)]$$

$$\text{s. t. } e_i \geq 0; f_i \geq 0 \tag{5-13}$$

(三) 投资者和基金经理的均衡策略

由于基金经理的优化问题是最大化其收益函数，即式 (5-12)。而基金经理的收益函数主要有基金费率、基金规模和成本函数决定，决定这三者大小的均是基金的超额收益 α。所以，参考 Feldman 等 (2020) 的研究结论，基金经理的优化问题式 (5-13) 等价于如下优化问题①:

$$\max_{e_i, f_i} E(\alpha_i)$$

$$\text{s. t. } f_i - C^i(e_i, s_i; H, K) \geq 0$$

---

① 具体证明过程见 Feldman 等 (2020)。

$e_i > 0$

$f_i \geqslant 0$ (5-14)

在我们的模型中,主动型管理基金的 α 取决于基金规模、最优努力程度和能力。投资者对净 α 的追求导致基金规模与经理人能力之间存在正相关关系。在局部均衡状态下,所有基金规模都会进行调整,从而达到盈亏平衡(至少足以弥补成本),向投资者提供类似的预期净 α 值。为了最大化 $E(\alpha_i)$,基金经理 i 必须选择盈亏平衡的管理费。这是因为,如果选择较高的管理费,将减少预期的 α,而如果选择较低的管理费将导致资不抵债。此外,改变管理费和努力程度将使经理人远离最佳努力程度。因此,对于基金经理和投资人的目标优化问题,存在一个纳什均衡。在局部均衡状态下 $f_i^* - C^i(e_i^*, s_i; H, K) = 0$。为了得到局部均衡解,我们定义基金经理 i 的直接收益为 $B(e_i; H, K)$:

$$B(e_i; H, K) \triangleq A(e_i; H, K) - c_{2,i}(e_i; H, K), \forall i \quad (5-15)$$

记 $\{e^*, f^*, \omega^*\}$ 为纳什均衡解,其中 e^* 是 $\dfrac{\partial B(e_i; H, K)}{\partial e_i} = 0$ 的解,f^* 是 $f_i^* - C^i(e_i^*, s_i; H, K) = 0$ 的解,ω^* 也是唯一的,因为配置比例的计算是最大化投资者的夏普比率。

(四)均衡策略下的结论

定理 5-1 基金经理 i 在最佳努力程度下,努力的边际直接收益为 0,即

$$\frac{\partial A(e_i^*; H, K)}{\partial e_i} - \frac{\partial c_{2,i}(e_i^*; H, K)}{\partial e_i} = \frac{\partial B(e_i^*; H, K)}{\partial e_i} = 0$$

证明见附录 F。

定理 5-2 在基金市场行业配置聚类程度较高的情况下,均衡策略下的最优努力程度较高,当且仅当边际努力的生产效率大于边际努力的成本。即

$e_i^*(K) \geqslant 0$,当且仅当 $A_{e_i, K}(e_i^*; H, K) - c_{2e_i, K}(e_i^*; H, K) \geqslant 0$

证明见附录 F。

◇ 金融市场行业风险传染与资产配置

定理 5-3 若 $\dfrac{dB(e_i^*; H, K)}{dK} < 0$，则均衡策略下的期望收益 α 与基金市场行业配置聚类程度呈负相关关系。基金市场行业配置聚类程度对期望收益 α 的边际效应是递减的，且与 $\dfrac{dB(e_i^*; H, K)}{dK}$ 的符号无关。

证明见附录 F。

定理 5-4 基金经理越努力，均衡策略下的期望收益 α 越高，且基金经理的努力程度对期望收益 α 的边际效应是递减的。

证明见附录 F。

第三节 数据和基本指标构建

一 研究数据

本章主要运用 Wind 数据库中的中国公募基金市场中的普通股票型基金和偏股混合型基金为研究对象。由于研究问题涉及基金投资组合中的行业配置，需要基金投资组合的持股明细，而基金的季报只汇报投资组合中的十大重仓股，故本章使用基金的半年度汇报数据。我国基金市场数据从 2005 年开始才相对完善，故本章的时间跨度为 2005 年 6 月至 2020 年 12 月，共包含 2097 只基金，剔除了成立时间少于 24 个月的基金，且持股数量不低于 10 只基金，剩余 1619 只基金样本。关于行业分类标准，本章采用申银万国行业分类标准下的 28 个一级行业名录。基金收益主要采用月度数据进行计算，主要包括基金的月度收益率和基金的超额收益率 α。

二 实证中的变量指标构建

（一）基金市场行业配置聚类程度 K

K 主要度量基金市场中的股票型基金的投资组合对整个行业系

统的覆盖程度。其数值等于基金市场中股票型基金行业配置距离网络的聚类系数。具体计算公式为

$$K = \frac{1}{M} \sum_{i=1}^{M} \frac{2(L^3)_{ii}}{d_i(d_i-1)} \tag{5-16}$$

其中，L 表示股票型基金行业配置距离网络的邻接矩阵，d_i 表示基金 i 的度。

（二）基金 i 的行业配置聚类程度 IK_i

IK_i 主要度量股票型基金 i 的投资组合对不同行业的覆盖程度。其数值等于基金市场中股票型基金行业配置距离网络中节点 i 的聚类系数。具体计算公式为

$$IK_i = \frac{2(L^3)_{ii}}{d_i(d_i-1)} \tag{5-17}$$

（三）基金的月度收益率 $r_{i,t}$

$$r_{i,t} = \frac{NAV_{i,t} - NAV_{i,t-1}}{NAV_{i,t-1}} \tag{5-18}$$

其中，$NAV_{i,t}$ 表示基金 i 在第 t 个月的净值。

（四）基金的月度超额收益率 α_i

基金的超额收益率主要以单指数模型、三因子模型和五因子模型为基准进行计算。

单指数模型：$r_{it} = \alpha_i + \beta_1 Mkt_t + \varepsilon_{it}$。

三因子模型：$r_{it} = \alpha_i + \beta_1 Mkt_t + \beta_2 SMB_t + \beta_3 HML_t + \varepsilon_{it}$。

五因子模型：$r_{it} = \alpha_i + \beta_1 Mkt_t + \beta_2 SMB_t + \beta_3 HML_t + \beta_4 RMW_t + \beta_5 CMA_t + \varepsilon_{it}$。

（五）基金市场行业发展集中度（H）

度量基金市场中股票型基金规模的集中化程度。具体计算公式为

$$H = \sum_{i=1}^{M} \left(\frac{s_i}{S}\right)^2 \tag{5-19}$$

其中，s_i 表示基金 i 的市场规模，$S = \sum_{i=1}^{M} s_i$。

(六) 基金 i 的行业配置集中度 (IC_i)

度量股票型基金 i 的投资组合中行业配置的集中化程度。本章选取了两种度量方式，第一种为传统的赫芬达尔指数度量，具体计算公式为：

$$IC_i^{(1)} = \sum_{k=1}^{N} x_k^2 \tag{5-20}$$

第二种参考了 Kacperczyk 等（2005）提出的度量方法，度量基金的行业组合集中化程度，具体计算公式为

$$IC_i^{(2)} = \sum_{k=1}^{N} (x_k - \bar{x})^2 \tag{5-21}$$

其中，x_k 表示行业 k 在基金股票投资组合中的比例。$\bar{x}$ 表示市场组合中行业 k 的占比。

第四节 实证分析 I：中国基金市场行业配置集中度

中国基金市场在 2005—2020 年发展迅速，基金数量由 2005 年的 191 只发展到 2020 年的 7371 只，其中普通股票型基金和偏股混合型基金由 107 只发展到 1637 只，具体变化如图 5-1 所示。普通股票型基金和偏股混合型基金的数量在 2015 年的股灾过后有一个"对换"的过程，主要由于 2015 年 8 月 8 日股票型基金仓位新规的生效，由原来基金资产投资于股票的仓位不能低于 60% 提升至 80%。这导致普通股票型基金和偏股混合型基金的数量进行了"对换"。这也是本章将研究对象定格为普通股票型基金和偏股混合型基金的原因之一（没有选择其中一种进行研究）。

由图 5-1 和图 5-2 可知，虽然普通股票型基金和偏股混合型基金的数量在逐年增加，但是其所占基金市场规模的比率却在 2006 年以后逐年下降，主要原因还是投资者的风险厌恶，使货币市场型基

金和被动指数型基金,尤其是货币市场型基金的规模不断发展壮大。此外,货币市场型基金偏向于理财的属性也造就了其规模大的特点。

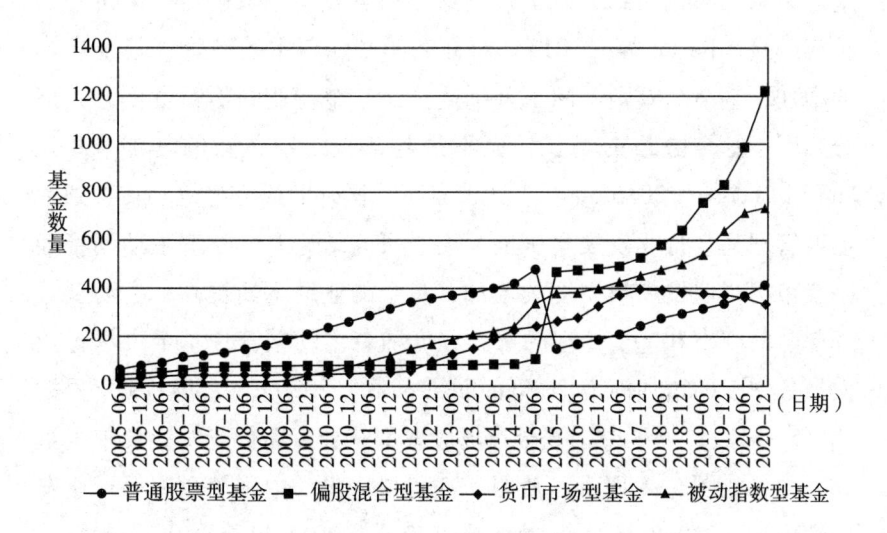

图 5-1 中国基金市场不同类型基金数量变化趋势

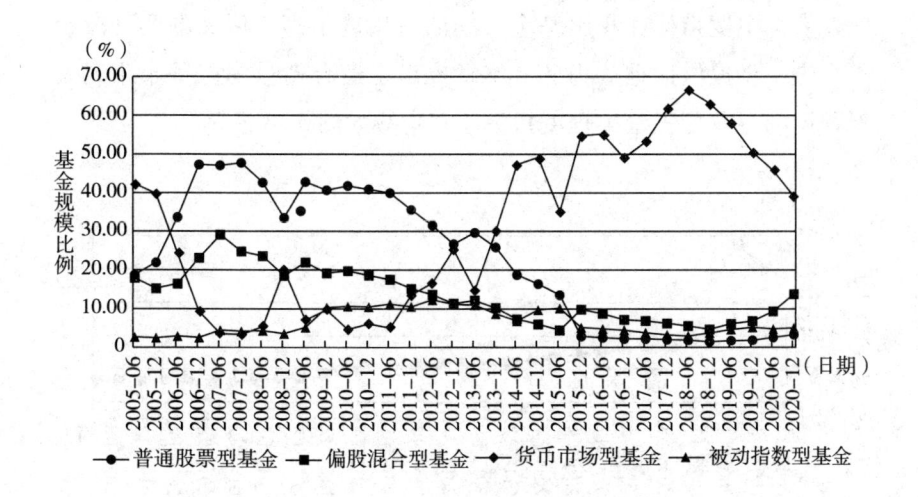

图 5-2 中国基金市场不同类型基金规模比例变化趋势

◆ 金融市场行业风险传染与资产配置

从图5-2可以看出，在我国基金市场，股票型基金的市场份额从2007年开始急剧下降，从2007年接近80%的市场份额下降到2018年的不到10%，2018年年底才略有上升，直到现在股票型基金的市场份额也不到20%。但是这样的发展趋势似乎与理论研究结果相一致，Pastot等（2015）研究表明，随着主动型管理基金规模的增加，基金绩效则不断下降。此外，基金行业的不断发展，大部分归因于基金数量的增长，而不是基金规模中位数的增加（Berk and Binsbergen，2015）。在上述背景下，国外的研究将重心转移到主动型管理基金行业发展集中度，主要研究结论有，随着主动型管理基金市场行业发展集中度的增加，基金的业绩不断提高；主动型管理基金的规模和基金经理的努力程度随着主动型管理基金市场行业发展集中度的增加而增加（Feldman et al.，2020）。为此，文章根据式（5-17）计算了中国基金市场股票型基金市场行业发展集中度指标，结果如图5-3所示。从图5-3可以看出，中国基金市场行业发展集中度从2008年开始一直趋于稳定，2015年至今更是保持在0.003附近，该现象也从侧面说明了对美国基金市场影响较大的行业发展集中度指标在我国基金市场的适用度不高。后文的实证分析也会进一步提供证据。为此，本章提出了适合衡量中国基金市场发展程度的行业配置聚类程度指标，其走势如图5-4所示。

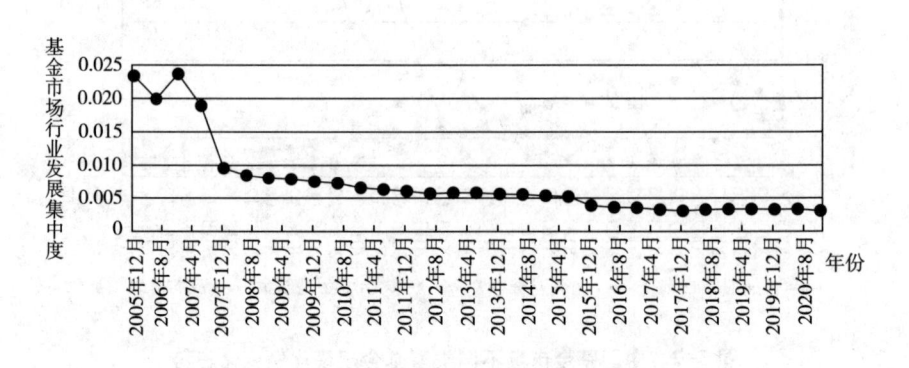

图5-3 中国基金市场股票型基金行业发展集中度

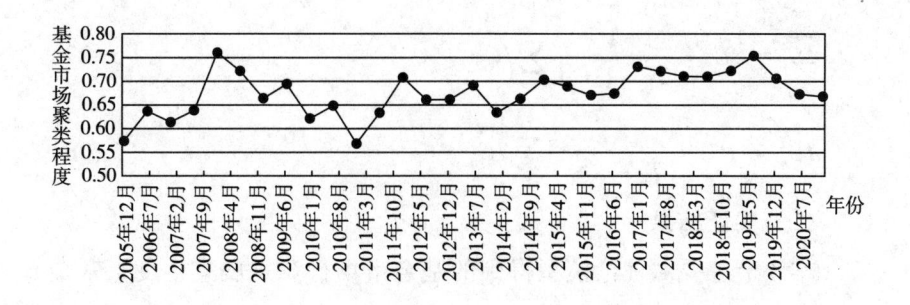

图 5-4 中国基金市场股票型基金行业配置聚类程度

第五节 实证分析 Ⅱ：基金业绩与基金市场行业配置集中度

一 回归方法

在对基金的收益率和超额收益率 α 的回归分析中，我们采用 Pástor 等（2015）提出的递归降级估计（Recursive Demeaning Estimator）方法来控制遗漏变量和有限样本偏差，同时控制基金的个体效应和年份效应。递归降级估计的具体模型如下：

$$\overline{\alpha_{i,t}} = \beta_1 \overline{Size_{t-1}} + \beta_2 \overline{SoW_{t-1}} + \beta_3 \overline{K_{t-1}} + \beta_4 \overline{IC_{t-1}} + \beta_5 \overline{IC_{t-1}^2} + \overline{\varepsilon_{i,t}} \quad (5-22)$$

其中

$$\overline{\alpha_{i,t}} = \alpha_{i,t} - \frac{1}{T_i - t + 1} \sum_{q=t}^{T_i} \alpha_{i,q} \quad (5-23)$$

$$\overline{Size_{i,t}} = Size_{i,t} - \frac{1}{T_i - t + 1} \sum_{q=t}^{T_i} Size_{i,q} \quad (5-24)$$

$$\overline{SoW_t} = SoW_t - \frac{1}{T_i - t + 1} \sum_{q=t}^{T_i} SoW_q \quad (5-25)$$

$$\overline{K_t} = K_t - \frac{1}{T_i - t + 1} \sum_{q=t}^{T_i} K_q \quad (5-26)$$

◆ 金融市场行业风险传染与资产配置

$$\overline{IC_t} = IC_t - \frac{1}{T_i - t + 1}\sum_{q=t}^{T_i} IC_q \qquad (5-27)$$

$$\overline{IC_t^2} = IC_t^2 - \frac{1}{T_i - t + 1}\sum_{q=t}^{T_i} IC_q^2 \qquad (5-28)$$

二 实证结果

本小节主要对理论模型得到的基金市场行业发展集中度、基金市场行业配置聚类程度、基金经理的努力程度（基金经理行业配置集中度和基金经理行业配置聚类程度）与基金收益（基金月度收益率和基金月度超额收益率）之间的数学关系进行实证分析，具体而言检验了定理 5-3 和定理 5-4 的结论。表 5-1 汇报了主要回归变量的描述性统计结果。

表 5-1　　　　　主要回归变量的描述性统计

变量	平均值	标准差	1th	25th	50th	75th	99th
Panel A：基金层面							
Fund net return	0.0161	0.0738	-0.2009	-0.0240	0.0157	0.0538	0.2047
Fund net alpha (1)	0.0088	0.0365	-0.0795	-0.0115	0.0071	0.0272	0.1131
Fund net alpha (3)	0.0076	0.0287	-0.0635	-0.0084	0.0069	0.0231	0.0853
Fund net alpha (5)	0.0071	0.0269	-0.0590	-0.0078	0.0063	0.0212	0.0796
Fund Size (×e+10)	0.1977	0.3198	0.0001	0.0159	0.0752	0.2417	1.5055
IC1	0.1037	0.1202	0.0016	0.0447	0.0724	0.1133	0.7414
IC2	0.1030	0.1201	0.0015	0.0441	0.0716	0.1125	0.7401
NIC	0.1151	0.1511	0.0023	0.0478	0.0770	0.1219	0.9068
·IK	0.6885	0.1934	0.2338	0.5964	0.7730	0.8258	0.9116
Panel B：行业层面							
K	0.6752	0.0466	0.5686	0.6411	0.6729	0.7095	0.7607
SoW	0.3669	0.2356	0.0623	0.1150	0.3722	0.5905	0.7617
H	0.0074	0.0058	0.0031	0.0034	0.0057	0.0078	0.0237

注：Fund net alpha (1) 表示超额收益率的计算运用单指数模型得到；Fund net alpha (3) 表示超额收益率的计算运用三因子模型得到；Fund net alpha (5) 表示超额收益率的计算运用五因子模型得到。

本章首先检验了基金市场行业发展集中度指标在中国基金市场的表现，参考 Feldman 等（2020）的研究，我们采用了逐步回归方法和递归估计方法，以基金的超额收益为被解释变量，外生市场变量 H、K、SoW 和内生决策变量 $Size$、IC、IK 为解释变量。此外，所有变量均滞后一期，当涉及基金半年度报告数据中的变量时，解释变量均为被解释变量日期之前的最新发布报告数据计算所得，回归结果如表 5-2 所示。表 5-2 回归方程为：

表 5-2　基金超额收益率与基金市场行业发展集中度、基金市场行业配置集中度

	基金超额收益率					
	(1)	(2)	(3)	(4)	(5)	(6)
Lagged H	0.0017 (1.90)	0.0011 (1.16)	0.0007 (0.10)	−0.0122 (−1.43)	−0.0103 (−1.23)	−0.0099 (−1.05)
Lagged K		−0.0849*** (−4.25)	−0.0808*** (−4.00)	−0.0937*** (−4.40)	−0.0920*** (−4.32)	−0.0936*** (−4.42)
Lagged $Size$			−0.0141* (−2.34)	−0.0163** (2.67)	−0.0154* (−2.56)	−0.0166** (−2.72)
Lagged SoW				−0.2713*** (−5.39)	−0.2619*** (−5.21)	−0.2724*** (−5.40)
Lagged IC					0.0320*** (5.89)	
Lagged IK						0.0168** (2.95)
Fixed effect (Year and Fund)	√	√	√	√	√	√
Number of observations	50038	50038	50038	50038	50038	50038
R-squared	0.0502	0.0507	0.0508	0.0515	0.0524	0.0518

注：（1）Lagged 表示相关变量均滞后一期；（2）***、**、* 分别表示 1%、5% 和 10% 的显著性水平。

◆ 金融市场行业风险传染与资产配置

$$\overline{\alpha_{i,t}} = \beta_1\overline{H_{t-1}} + \beta_2\overline{K_{t-1}} + \beta_3\overline{Size_{t-1}} + \beta_4\overline{SoW_{t-1}} + \beta_5\overline{IC_{t-1}} + \beta_6\overline{IK_{t-1}} + \overline{\varepsilon_{i,t}}$$

由表5-2可知，无论是加入外生市场变量还是内生决策变量，基金行业发展集中度指标 H 在回归结果中均不显著，H 指标的回归结果也不稳健，尤其在加入控制变量 SoW（股票型基金市场份额）后，H 指标对基金超额收益的影响由正转负。结合图5-3的结果，证明基金行业发展集中度指标 H 在中国基金市场对基金收益没有显著影响。此外，在表5-2中我们对比发现基金市场行业配置聚类程度指标对基金超额收益率具有显著的负效应且结果较为稳健，即基金市场行业配置距离网络中不同基金的行业配置聚类程度越大，则基金之间的竞争关系越激烈，导致对基金超额收益产生了负影响[①]。上述结论也说明在我国基金市场 $\dfrac{dB(e_i^*; H, K)}{dK} < 0$，其结果与本章理论部分中的定理5-3结论一致。

接下来，本章检验了基金经理的努力程度对基金收益的影响，基金经理的努力程度主要采用基金经理行业配置集中度和基金经理行业配置聚类程度，以及上述指标各自的平方项进行度量。回归的被解释变量仍然是基金的超额收益 α，解释变量包括四种基金经理努力程度的度量，以及外生市场变量（SoW 和 K），此外控制了基金规模变量。此处仍然采用逐步回归方法和递归估计方法，回归结果如表5-3所示。表5-3回归方程为：

$$\overline{\alpha_{i,t}} = \beta_1\overline{IC_{t-1}} + \beta_2\overline{IC_{t-1}^2} + \beta_3\overline{IK_{t-1}} + \beta_4\overline{IK_{t-1}^2} + \beta_5\overline{K_{t-1}} + \beta_6\overline{Size_{t-1}} + \beta_7\overline{SoW_{t-1}} + \overline{\varepsilon_{i,t}}$$

由表5-3可知，两种基金经理努力程度的度量的一次项均和基金的超额收益 α 呈显著正相关关系。基金经理努力的二次项均和基金的超额收益 α 呈负相关关系，但是基金经理努力的二次项的结果不显著。此外，我们还发现在加入基金市场行业配置聚类程度和基金规模控制变量后，基金经理行业配置聚类程度与基金超额收益率

---

① 关于竞争关系对于基金业绩的影响，Hoberg 等（2018）提出了一种基于基金投资风格来识别基金竞争对手的方法，并运用复杂网络方法得到任意两个基金之间竞争程度的度量指标。实证研究表明，竞争对手较少的基金未来将会获得更高的超额收益。

表5-3 基金超额收益率与基金经理努力程度以及基金市场变量的回归结果

	(1)	(2)	(3)	(4)	(5)	(6)	(7)	(8)
	\multicolumn{8}{c}{基金超额收益率}
Lagged IC	0.0332*** (6.13)	0.0478** (2.73)	0.0500* (2.48)	0.0488* (2.43)	0.0506* (2.50)	0.0502* (2.49)	0.0586** (2.88)	0.059** (2.93)
Lagged IC^2		−0.0136 (−0.75)	−0.0170 (−0.71)	−0.0116 (−0.48)	−0.0136 (−0.56)	−0.0140 (−0.58)	−0.0254 (−1.05)	−0.0282 (−1.15)
Lagged IK			0.0517* (2.18)	0.047** (3.03)	0.0557** (3.20)	0.0484** (2.06)	0.0457** (2.99)	0.0389** (2.84)
Lagged IK^2				−0.0469 (−1.10)	−0.0564 (−1.31)	−0.0490 (−1.15)	−0.0506 (−1.18)	−0.0447 (−1.03)
Lagged K					−0.0605*** (−3.32)			−0.0597** (−2.97)
Lagged $Size$						−0.0155** (−2.59)		−0.0177** (−2.92)
Lagged SoW							−0.2144*** (−5.21)	−0.2440*** (−4.74)
Fixed effect (Year and Fund)	√	√	√	√	√	√	√	√
Number of observations	50038	50038	50038	50038	50038	50038	50038	50038
R-squared	0.0512	0.0514	0.0612	0.0615	0.0617	0.0617	0.0622	0.0625

注：IC、IC^2、IK、IK^2 均为基金经理内生决策变量，K 和 SoW 为基金市场外生变量，$Size$ 为基金规模控制变量。表中回归分析的样本期为2005年6月至2020年12月。*、**、*** 分别代表10%、5%和1%的t-检验显著性水平，下同。

的显著性下降。究其原因，基金业绩存在一定的规模递减效应，但是当基金规模越小时，基金很难做到一定比例的行业覆盖，导致基金经理在行业配置聚类程度方向努力的边际效应递减。在回归分析中，加入全部控制变量后，基金经理努力程度的二次项虽然结果不显著，但是边际努力效用递减的关系仍然存在。上述实证分析的结果与本章理论部分中定理5-4的结果一致。

在分析基金经理努力程度与基金的超额收益之间的关系时，由于基金经理行业配置集中化程度与基金经理配置行业的个数也有关系。所以，在稳定性检验中，本章参考Cremers等（2008）的研究方法，引入和行业配置个数有关的一个集中化度量方式，具体表达式如式（5-29）所示。稳健性检验的结果如表5-4所示，在新的基金经理行业配置集中化程度度量指标下，基金经理努力程度的一次项和二次项与基金超额收益率α的关系与理论结果保持一致，在逐步回归中结论也依然稳健。

$$NIC_t = \frac{IC_t^2 - 1/n_t}{1 - 1/n_t} \tag{5-29}$$

其中，n_t表示第t期基金投资组合中配置行业的个数。

在稳健性检验中，我们对被解释变量进行变量替换，由原来的基金超额收益率改为基金收益率［具体见式（5-15）］，回归结果如表5-5所示。从表5-5可以看出，实证结果和表5-3、表5-4的回归结果一致。

综上所述，基金经理的努力程度（基金经理行业配置集中度和行业配置聚类程度）对基金收益（基金收益率和基金超额收益率）具有显著的影响，其实证结果与理论结果一致。究其原因，基金经理行业配置集中度反映了基金经理行业筛选的能力。根据基金业绩归因理论，基金经理选择行业的能力体现在集中持有某一行业的股票比例。相反，若基金经理不具备行业筛选的能力，则该基金的行业集中度就会下降。行业持股比例则反映了基金经理的择时能力。基金经理通过主动调整资产中不同行业股票的比例，是基金管理者

第五章
复杂网络视角下基金市场行业配置与风险管理

表 5-4 基金经理努力程度的稳健性检验结果

基金超额收益率

	(1)	(2)	(3)	(4)	(5)	(6)	(7)	(8)
Lagged NIC	0.0271*** (5.09)	0.0255** (2.73)	0.0291* (2.49)	0.0305* (2.50)	0.0296* (2.45)	0.0282* (2.38)	0.0226* (2.10)	0.0199* (1.97)
Lagged NIC^2		0.0017 (0.13)	−0.0006 (−0.04)	−0.0011 (−0.08)	−0.0003 (−0.02)	0.0003 (0.02)	0.0043 (0.28)	0.0059 (0.38)
Lagged IK			0.0021* (2.27)	0.0133* (2.29)	0.0203* (2.43)	0.0148* (2.32)	0.0139* (2.30)	0.0068* (2.15)
Lagged IK^2				−0.0107 (−0.25)	−0.0186 (−0.0435)	−0.0132 (−0.31)	−0.01527 (−0.35)	−0.0088 (−0.20)
Lagged K					0.0189 (1.23)			−0.0512** (−3.11)
Lagged Size						−0.0158** (−2.63)		−0.0179** (−2.94)
Lagged SoW							−0.2075*** (−5.06)	−0.2403*** (−4.67)
Fixed effect (Year and Fund)	√	√	√	√	√	√	√	√
Number of observations	50038	50038	50038	50038	50038	50038	50038	50038
R-squared	0.0509	0.0509	0.0569	0.0569	0.0569	0.0611	0.0614	0.0617

◆ 金融市场行业风险传染与资产配置

表5-5 基金收益率与基金经理努力程度以及基金市场变量的回归结果

<table>
<tr><th></th><th>(1)</th><th>(2)</th><th>(3)</th><th>(4)</th><th>(5)</th><th>(6)</th><th>(7)</th><th>(8)</th></tr>
<tr><th colspan="9">基金收益率</th></tr>
<tr><td>Lagged IC</td><td>0.0008***
(4.09)</td><td>0.0011***
(3.57)</td><td>0.0018***
(3.75)</td><td>0.0009**
(2.89)</td><td>0.0007**
(2.70)</td><td>0.0007**
(2.70)</td><td>0.0001*
(2.04)</td><td>0.0002*
(2.27)</td></tr>
<tr><td>Lagged IC^2</td><td></td><td>-0.0002
(-0.43)</td><td>-0.0007
(-0.91)</td><td>-0.0005
(-0.68)</td><td>-0.0003
(-0.46)</td><td>-0.0004
(-0.54)</td><td>0.0001
(0.17)</td><td>0.0002
(0.33)</td></tr>
<tr><td>Lagged IK</td><td></td><td></td><td>0.003*
(2.22)</td><td>0.0079***
(3.48)</td><td>0.0070***
(3.03)</td><td>0.0078***
(3.44)</td><td>0.0080***
(3.58)</td><td>0.0082***
(3.55)</td></tr>
<tr><td>Lagged IK^2</td><td></td><td></td><td></td><td>-0.0078***
(-3.69)</td><td>-0.0069**
(-3.11)</td><td>-0.0077***
(-3.59)</td><td>-0.0076***
(-3.59)</td><td>-0.0077***
(-3.48)</td></tr>
<tr><td>Lagged K</td><td></td><td></td><td></td><td></td><td>-0.0091***
(-3.67)</td><td></td><td></td><td>-0.0063**
(-2.59)</td></tr>
<tr><td>Lagged Size</td><td></td><td></td><td></td><td></td><td></td><td>-0.0012***
(-4.68)</td><td></td><td>-0.0014***
(-5.19)</td></tr>
<tr><td>Lagged SoW</td><td></td><td></td><td></td><td></td><td></td><td></td><td>-0.0156***
(-9.14)</td><td>-0.0170***
(-6.84)</td></tr>
<tr><td>Fixed effect (Year and Fund)</td><td>√</td><td>√</td><td>√</td><td>√</td><td>√</td><td>√</td><td>√</td><td>√</td></tr>
<tr><td>Number of observations</td><td>56095</td><td>56095</td><td>56095</td><td>56095</td><td>56095</td><td>56095</td><td>56095</td><td>56095</td></tr>
<tr><td>R-squared</td><td>0.1146</td><td>0.1146</td><td>0.1146</td><td>0.1148</td><td>0.1149</td><td>0.1150</td><td>0.1153</td><td>0.1156</td></tr>
</table>

判断市场未来走势能力的表现，即基金经理的择时能力。若基金经理认为未来行情上涨，则会提高股票资产的投资比例，相反若基金经理认为未来行情下跌，则会降低股票资产的持有比例。此外，本章基于基金之间行业配置距离网络构建的基金经理行业配置聚类程度指标在行业集中度指标的基础上进一步刻画了不同基金之间的行业配置聚类程度，反映了不同基金行业配置之间的相似性。基金经理行业配置集中度反映了基金在个体层面对行业配置的集中性，而基金经理行业配置聚类程度，则考察了这只基金在整个基金市场的行业配置层面与其他股票型基金的关系。

第六节 实证分析Ⅲ：基金筛选策略研究

在理论模型和实证分析均得出一致的结论后，本章尝试使用基金经理努力程度指标对基金进行筛选，构造投资组合。虽然目前许多研究都指出了与未来收益表现相关的单个基金的不同特征，但目前尚不清楚如何有效地确定最有可能在未来跑赢大盘的一组基金。事实上，要确定一组更优秀的基金，而不是单一的基金，对筛选指标的要求更高。本章尝试使用基金经理行业配置聚类程度指标对基金进行筛选，行业配置聚类程度指标不仅考察了基金经理在个体层面的努力程度，还融入了单个基金行业配置在整个基金市场行业配置中的聚类程度，是一个偏向基金组合筛选的参考指标。

由于真正的潜在基金经理努力程度或技能很难被观察到，所以对基金经理综合技能的量化以及对推断基金超额收益构成了重大挑战。关于基金经理的努力程度或技能的度量主要有三个不同的角度：基金的某些个体特征，包括基金经理的个体特征；基金收益指标；基金投资组合与特定基准组合之间的偏离程度。不同的度量角度，也会带来三种努力程度或技能的分布在超额收益率 α 上会有重

◇ 金融市场行业风险传染与资产配置

叠，基金选择方法也有可能错误地将零 α 投资组合的基金组视为努力程度或技能高的类别。在更为极端的情况下，一种基金筛选的方法甚至会认为一个真正努力程度高，有技能的基金经理是不努力的，即假设检验中的第一类错误。为了能将上述错误发生的概率降到最低，本章综合考虑了两种不同的基金经理努力程度或技能的量化方式，且这两种不同的度量方式代表了基金经理努力的不同方向，一个倾向于基金个体层面基金经理行业配置的努力程度，另一个倾向于度量基金经理的行业配置在整个基金市场行业配置中的努力程度。基于上述两种努力程度的基金投资组合策略计算步骤如下：

步骤1：根据基金每半年公布的所有持仓数据，对其持有的股票进行行业分类，行业分类标准参考申银万国行业分类标准下的28个一级行业名录，并计算出基金在每个行业的投资比例；

步骤2：根据步骤1计算出的每只基金的行业投资比例数据，运用式（5-16）计算出基金 i 和基金 j（$i, j = 1, 2, \cdots, M$）之间的行业配置距离，并以此为邻接矩阵构造基金投资组合行业配置距离网络；

步骤3：根据步骤2构造出的基金网络，运用式（5-21）计算基金经理努力程度度量指标和基金经理行业配置聚类程度指标。此外，运用式（5-20）计算另一种基金经理努力程度度量指标：基金经理行业配置集中化程度；

步骤4：分别按照基金经理行业配置集中化程度和行业配置聚类程度对所有股票型基金进行排名，参考FOF基金的基金配置个数，每期按照两种不同的基金经理努力程度的度量分别选取努力程度最高（High）和最低（Low）的10只基金，并运用等权策略进行投资组合①。其中按照基金经理行业配置集中化程度指标筛选基金

---

① 由于本小节主要检验基金经理努力程度指标的有效性，避免其他因素的干扰，故采用最直接的等权策略进行配比。

的策略称为 Concentration 策略，按照行业配置聚类程度指标筛选基金的策略称为 Clustering 策略；

步骤5：分别计算 Concentration 策略和 Clustering 策略下的收益的平均值、标准差和夏普比率。本章计算的是基金的月度收益，且由于基金每半年公布一次具体持仓数据，故本章所构建的投资策略也是每半年进行一次调仓。出于稳健性考虑，本章分别汇报了不同收益指标、基金收益率（Return）和基金超额收益率（Net Alpha），衡量下的结果。具体结果如表5-6所示。

表5-6　Concentration 策略和 Clustering 策略投资组合结果

Panel A：基金收益

	Concentration 策略			Clustering 策略		
	均值	标准差	夏普比率	均值	标准差	夏普比率
High	0.0203 (2.4233)	0.0742 (12.9367)	0.2851 (2.4729)	0.0191 (2.6470)	0.0681 (12.0175)	0.2861 (2.3770)
Low	0.0117 (1.8751)	0.0550 (12.0569)	0.2352 (2.0195)	0.0091 (1.2706)	0.0641 (13.7536)	0.1378 (1.2509)
High-Low	0.0086 (3.4894)	0.0192 (0.1074)	0.0499 (3.6184)	0.0100 (3.4894)	0.0040 (0.1074)	0.1483 (3.6184)

Panel B：基金超额收益率

	Concentration 策略			Clustering 策略		
	mean	标准差	夏普比率	均值	标准差	夏普比率
High	0.0270 (4.6219)	0.0469 (15.6934)	0.5430 (3.6946)	0.0206 (3.8351)	0.0366 (11.4874)	0.5314 (3.1149)
Low	0.0044 (3.1628)	0.0254 (20.1833)	0.2026 (3.2418)	0.0033 (1.2881)	0.0326 (20.3977)	0.1635 (1.5791)
High-Low	0.0226 (3.9697)	0.0215 (8.2240)	0.3404 (2.4064)	0.0173 (3.6965)	0.004 (1.6197)	0.3679 (3.4211)

注：2006年6月到2020年12月共29个投资周期。

◇ 金融市场行业风险传染与资产配置

由表5-6可知，基金经理努力程度最高的10只基金的收益表现要明显优于基金经理努力程度低的10只基金，但是基金经理努力程度低的基金组合的标准差要低于努力程度高的基金组合。努力程度高的基金组合减去努力程度低的基金组合的收益率均值和夏普比率均通过了t检验。

本章所构建的Concentration策略和Clustering策略都是基于基金的公开信息，并且都在基金市场获得了显著的超额收益，然而，目前还不清楚一种策略是主导或包含另一种策略，或者两种策略是否都有可靠的独立预测能力。因此，我们检验了这两种策略之间的相互作用效应。具体做法是，在控制另一种策略的情况下，遵循一种策略是否会产生经济上和统计上显著的回报。首先根据Concentration策略对基金进行排名，然后在Concentration策略排名的基础上选取按Clustering策略排名前十的基金，该策略定义为Concentration（Clustering）策略。若先根据Clustering策略对基金进行排名，然后在Clustering策略排名的基础上选取按Concentration策略排名前十的基金，该策略定义为Clustering（Concentration）策略[1]。上述两种策略的样本外结果如表5-7所示。对比表5-7和表5-6，我们发现，混合策略［Concentration（Clustering）策略和Clustering（Concentration）］比单个策略（Concentration策略和Clustering策略）具有更高的平均收益率和夏普比率。这表明，无论是Concentration策略还是Clustering策略都无法解释或包容对方，上述基于两种不同努力程度构建的投资策略，都有各自的特殊信息，两者之间具有增强彼此业绩的能力。Concentration策略、Clustering策略、Concentration（Clustering）策略和Clustering（Concentration）策略每半年的月度平均夏

---

[1] 关于两种混合策略的不同之处，我们通过以下例子说明。若按照Concentration策略基金的排序是［1，2，3，4，…］，按照Clustering策略基金的排序是［3，4，2，5，…］，假设最后只取两只基金进行投资。那么Concentration（Clustering）最后的基金排序是［2，3，4，…］，最后选取的基金是2和基金3而Clustering（Concentration）策略最后的基金排序是［3，4，2，…］，最后选择的基金是3和基金4。

普比率如图 5-5 所示。

表 5-7　Concentration 和 Clustering 混合策略投资组合结果

	Concentration（Clustering）策略			Clustering（Concentration）策略		
	平均收益率	标准差	夏普比率	平均收益率	标准差	夏普比率
High	0.0332 (3.1980)	0.0730 (13.6306)	0.4601 (3.0598)	0.0277 (3.1109)	0.0655 (11.3973)	0.4429 (2.8426)
Low	0.0104 (1.6715)	0.0558 (12.2509)	0.2200 (1.8963)	0.0088 (1.2921)	0.0652 (11.6775)	0.1674 (1.5128)
High-Low	0.0228 (3.4685)	0.0172 (5.1827)	0.2401 (2.2645)	0.0189 (3.4894)	0.0003 (0.1074)	0.2755 (3.6184)

此外，我们还对比了上证综合指数、上证 A 股指数、深证成分 A 股指数、沪深 300 指数和动量因子策略的平均月度收益率和夏普比率，其中动量因子策略是根据上个月基金收益率排名取前十名基金按照等权进行配比。研究发现，Concentration（Clustering）策略显著优于上述指数和动量因子策略，具体结果如表 5-8 所示。

表 5-8　混合策略与市场指数和动量因子策略投资组合结果对比

	上证综合指数	上证 A 股指数	深证成分 A 股指数	沪深 300 指数	动量因子策略	Concentration（Clustering）
平均收益率	0.0083	0.0082	0.0127	0.0123	0.0156	0.0332
标准差	0.0790	0.7910	0.0897	0.0851	0.0813	0.0730
夏普比率	0.1051	0.0104	0.1416	0.1445	0.1919	0.4601

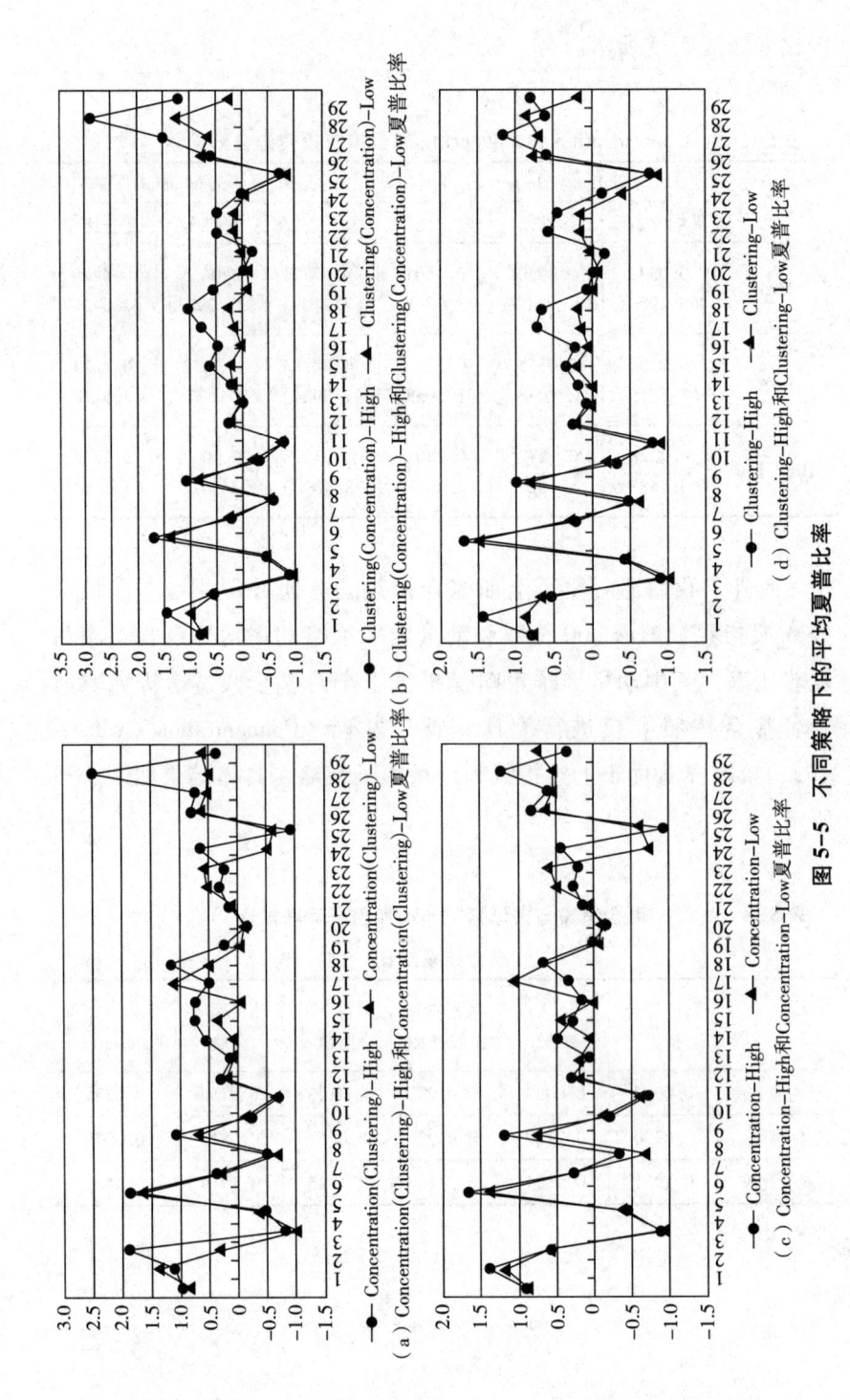

◆ 金融市场行业风险传染与资产配置

图 5-5 不同策略下的平均夏普比率

第七节 本章小结

首先，本章以 Feldman 等（2020）构建的美国主动型管理基金市场模型为基础，但是发现其模型中的核心变量：行业发展集中度指标在中国基金市场并不能很好地解释基金收益。为此，本章构造了适合度量中国基金市场的行业配置聚类程度指标（K），量化了 Feldman 等（2020）文中的基金经理努力程度，提出了基金经理行业配置聚类程度（IK）指标。此外，文章结合基金费率、基金业绩、基金规模和行业规模等指标，提出基金经理和投资者的优化问题，并推导出局部均衡策略下基金市场行业配置聚类程度和基金经理努力程度与基金收益的数量关系。理论模型的推导得到如下结论：

一是基金经理在最佳努力程度下的努力边际直接收益为 0。

二是在基金市场行业配置聚类程度较高的情况下，局部均衡策略下的最优努力程度较高，当且仅当边际努力的生产效率大于边际努力的成本。

三是若基金市场中基金经理的直接收益关于基金市场行业配置聚类程度的一阶导数为负，那么基金市场行业配置聚类程度越高，均衡策略下的期望收益越低，且基金市场行业配置聚类程度对期望收益的边际效应是递减的。

四是基金经理越努力，均衡策略下的期望超额收益越高，且基金经理的努力程度对期望超额收益的边际效应是递减的。

其次，本章以理论推导结果为基础进行实证分析，采用 Pastor 等（2015）提出的递归估计方法来控制遗漏变量和有限样本偏差。实证结果与理论结果一致，基金市场行业配置聚类程度指标（K）与基金收益呈负相关关系，即基金市场行业配置聚类程度越高，基金收益越小。此外，基金经理行业配置集中度（IC）和基金经理行业配置聚类程度（*IK*）对基金收益有显著的正相关关系，但是 *IC* 和 *IK* 的二次项与基金收益呈负相关关系，即基金经理努力的边际效应在递减。

最后，本章在理论推导和实证分析的基础上，提出了一个基于基金经理努力程度指标的基金筛选策略，完善了"理论+实证+策略"的投资组合分析框架，研究发现以下结论：

一是基于传统衡量基金经理努力程度的行业配置集中度构建的投资组合策略，努力的基金经理相对于不努力的基金经理，夏普比率提到了 20% 以上。

二是基于本章所构建的基金经理行业配置聚类程度的投资组合策略，努力的基金经理相对于不努力的基金经理，夏普比率提到了 100%。

三是基于两种基金经理努力程度度量指标的混合策略，无论是 Concentration（Clustering）策略还是 Clustering（Concentration）策略，努力的基金经理组合比不努力的基金经理组合夏普比率都提到了两倍以上。

四是基于两种基金经理努力程度指标的混合策略要显著优于上证综合指数、上证 A 股指数、深证成分 A 股指数、沪深 300 指数和动量因子策略的平均月度收益率和夏普比率。

第六章
总结与研究展望

第一节 总结

基于复杂网络视角，本书分别运用股票市场、信贷市场、基金市场行业数据并结合相应市场特征数据，研究了三个金融市场内的行业风险管理问题，并分别构建各自市场的行业配置模型，得到了以下结论：

一 复杂网络视角下股票市场行业配置与风险管理

（1）研究发现 Peralta 和 Zareei（2016）提出的基于复杂网络方法的个股配置模型不能直接应用于证券市场上的行业配置，原文中最小方差投资比例和特征向量中心度呈线性关系的结论存在偏差。

（2）通过实证分析发现，2007 年 4 月至 2019 年 3 月，行业因子对中国股票市场的超额收益具有很强的解释力，行业配置在投资组合中十分必要。

（3）将 BL 资产配置模型与网络方法相结合，给出了特征向量中心度与 BL 模型最优资产组合权重的非线性关系。

（4）本章所构建的理论模型中引入了特征向量中心度的二次项，从而将 Peralta 和 Zareei（2016）理论模型结论拓展到特征向量中心度为负值的情况。

（5）通过对比传统行业配置模型样本外的表现，发现 BL（MA）模型在传统模型中表现最优。

（6）提出 BL+Network 行业配置模型，其对应的投资策略是：在行业配置过程中，我们应先筛选出特征向量中心度处于中位数附近的行业，然后运用 BL（MA）模型进行配比计算。这样的配置在夏普比率、增益损失比等指标上优于其他基准模型。

（7）通过实证分析发现，我们应该配置特征向量中心度处于中位数附近的行业，但配置行业数量并非越少越好。

二 复杂网络视角下信贷市场行业配置与风险管理

（1）结合历史文献采用网络聚类系数度量行业聚类风险，识别了四种行业聚类风险类型（循环型、中介型、吸收型、扩散型），细化了风险传染过程，分析了四种风险的动态变化趋势。

（2）结合聚类风险类型提出了银行信贷配置（分行业）的 Min-C 模型，通过网络方法为银行的信贷业务提供了量化解决思路。

（3）结合网络聚类风险指标和赫芬达尔指数，构建了银行信贷配置集中化程度的新的度量指标 C-I-HHI（Clustering-Industry-HHI）。新的度量指标不仅可以为银行信贷配置的风险衡量提供直接参考，还提供了银行信贷配置是集中化还是多元化更优争论的新的分析思路。

（4）聚类风险的分析结果表明，国家应重点防范以传媒、通信、房地产、银行和非银金融等第三产业为代表的风险扩散型行业，上述行业如果发生风险，将对整个行业系统影响较大。

（5）我国行业间的主要聚类风险类型为风险吸收型，应通过上下游供应链调整、行业自身技术升级等手段降低行业关联性，减少行业吸收风险。

（6）循环型聚类风险行业有纺织服装、轻工制造和综合行业。中介型聚类风险行业多为家用电器、食品饮料、医药生物、农林牧渔等民生行业。循环型和中介型行业面临的关联风险较少。银行业和非银金融业虽然在自身行业内部面临较大的系统性金融风险，但是在整个 28 个行业关联网络中其聚类风险较小。

（7）银行信贷配置的行业个数较多、多元化明显，但是若所配置的行业属于同一聚类特征，也无法达到分散风险的效果。银行信贷配置究竟是集中化还是多元化要取决于所配置行业的网络聚类特征。

三 复杂网络视角下基金市场行业配置与风险管理

（1）基金经理在最佳努力程度下的努力边际直接收益为 0；

（2）在基金市场行业配置聚类程度较高的情况下，均衡策略下的最优努力程度较高，当且仅当较高的行业配置聚类程度对基金生产效率的边际努力影响大于对成本的边际努力影响；

（3）若基金市场中基金经理的直接收益关于基金市场行业配置聚类程度的一阶导数为负，那么基金市场行业配置聚类程度越高，均衡策略下的期望收益越低，且基金市场行业配置聚类程度对期望收益的边际效应是递减的。

（4）基金经理的越努力，均衡策略下的期望超额收益越高，且基金经理的努力程度对期望超额收益的边际效应是递减的。

（5）基于传统衡量基金经理努力程度的行业配置集中度构建的投资组合策略，努力的基金经理相对于不努力的基金经理，夏普比率提到了 20% 以上。

（6）基于本章所构建的基金经理行业配置聚类程度的投资组合策略，努力的基金经理相对于不努力的基金经理，夏普比率提到了一倍。

（7）基于两种基金经理努力程度度量指标的混合策略，无论是 Concentration（Clustering）策略还是 Clustering（Concentration）策略，努力的基金经理组合比不努力的基金经理组合夏普比率都提到了两倍以上。

（8）基于两种基金经理努力程度指标的混合策略要显著优于上

证综合指数、上证 A 股指数、深证成分 A 股指数、沪深 300 指数和动量因子策略的平均月度收益率和夏普比率。

第二节 本书的局限性和进一步研究方向

股票市场的研究方面，网络方法的引入使投资组合问题在结论一致、稳定的前提下，分散了投资风险，提高了投资者对于行业关联风险的感知，尤其是以个体投资者为代表的中小型投资者市场。但是复杂网络方法的应用也存在一定的局限性，由于网络构建的方式不同，也就存在不同的局限性。本章初始网络的构建采用的是行业指数序列的相关系数，那么在证券市场出现"千股跌停"这样极端的行情时，相关系数这个指标就无法对行业间的关联风险进行区分。未来的研究可采用因果推断或实体经济联系的方式构建网络，减少网络方法的应用在时间序列数据上的局限性。此外，本章在开始部分检验了基于复杂网络方法的个股配置模型在行业配置上的不适用性，故提出了 BL+Network 进行行业配置。未来的研究可系统地构建基于复杂网络方法的"自上而下"配置策略（从大类资产配置到行业配置再到个股配置）。

银行信贷市场研究方面，本章所构建的银行信贷配置（分行业）的 Min-C 模型未来可结合 VAR 或 CVAR 做进一步的拓展应用。此外，Min-C 模型可以根据最新的信贷政策和银行自身发展的需要进行调整和扩展。例如，在新冠疫情冲击下，国家政策需要对医药生物行业的信贷进行倾斜，我们可以单独调整医药生物行业的配置比例下限。本章所提出的基于网络聚类风险的信贷配置集中化度量指标 C-I-HHI 可以结合银行信贷配置的数据深入分析银行信贷配置集中化还是分散化这一热点问题。

基金市场的研究方面，本章所提出的基金经理努力程度度量指标，只是简单地将其运用到基金筛选过程中，未来可结合其他指

第六章
总结与研究展望

标，结合机器学习和人工智能算法构建更好的投资策略。此外，该指标也可以为 FOF 投资策略的研究提供参考。本章所提出的基金市场行业配置聚类程度指标也可用于其他有关基金市场、基金业绩的实证研究中。

附　录

附录 A：式（3-7）的推导过程

由式（3-4）可知 $E(r)_{BL}=[(\tau\sum)^{-1}+P'\Omega^{-1}P]^{-1}[(\tau\sum)^{-1}\Pi+P'\Omega^{-1}Q]$。将该乘积的第二个因子拆分后可得

$$E(r)_{BL}=[(\tau\sum)^{-1}+P'\Omega^{-1}P]^{-1}(\tau\sum)^{-1}\Pi+[(\tau\sum)^{-1}+P'\Omega^{-1}P]^{-1}P'\Omega^{-1}Q$$

由 Woodbury Matrix 恒等式可得：

$$E(r)_{BL}=[(\tau\sum)-\tau\sum P'(P\tau\sum P'+\Omega)^{-1}P\tau\sum](\tau\sum)^{-1}\Pi+[(\tau\sum)^{-1}+P'\Omega^{-1}P]^{-1}P'\Omega^{-1}Q$$

$$=\Pi-[\tau\sum P'(P\tau\sum P'+\Omega)^{-1}P\Pi]+[(\tau\sum)^{-1}+P'\Omega^{-1}P]^{-1}P'\Omega^{-1}Q$$

$$=\Pi-[\tau\sum P'(P\tau\sum P'+\Omega)^{-1}P\Pi]+(\tau\sum)(\tau\sum)^{-1}[(\tau\sum)^{-1}+P'\Omega^{-1}P]^{-1}P'\Omega^{-1}Q$$

$$=\Pi-[\tau\sum P'(P\tau\sum P'+\Omega)^{-1}P\Pi]+(\tau\sum)[(I_n+P'\Omega^{-1}P\tau\sum]^{-1}P'\Omega^{-1}Q$$

$$=\Pi-[\tau\sum P'(P\tau\sum P'+\Omega)^{-1}P\Pi]+(\tau\sum)[(I_n+P'\Omega^{-1}P\tau\sum]^{-1}(\Omega(P')^{-1})^{-1}Q$$

$$=\Pi-[\tau\sum P'(P\tau\sum P'+\Omega)^{-1}P\Pi]+(\tau\sum)[\Omega(P')^{-1}+P\tau\sum]^{-1}Q$$

附 录

$$= \Pi - [\tau \sum P'(P\tau \sum P' + \Omega)^{-1}P\Pi] + (\tau \sum)P'(P')^{-1}$$
$$[\Omega(P')^{-1} + P\tau \sum]^{-1}Q$$

$$= \Pi - [\tau \sum P'(P\tau \sum P' + \Omega)^{-1}P\Pi] + \tau \sum P'[\Omega + P\tau \sum P']^{-1}Q$$

$$= \Pi - [\tau \sum P'(P\tau \sum P' + \Omega)^{-1}](Q - P\Pi)$$

故 $\omega_{BL} = (\lambda \sum)^{-1}E(r)_{BL} = (\lambda \sum)^{-1}[\Pi - [\tau \sum P'(P\tau \sum P' + \Omega)^{-1}](Q - P\Pi)]$。又由式 (3-3) 可知 $\Pi = \lambda \sum \omega_{eq}$。所以

$$\omega_{BL} = \omega_{eq} + P'\left(\frac{\Omega}{\tau} + P\sum P'\right)^{-1}\left(\frac{Q}{\lambda} - P\sum \omega_{eq}\right)$$

$$= \omega_{eq} + \varphi_{BL}\left(\frac{Q}{\lambda} - P\sum \omega_{eq}\right)$$

附录 B：不同模型预测的 28 个行业的年平均收益率（2017 年 4 月至 2018 年 3 月）

附表 1　不同模型预测的 28 个行业的年平均收益率
（2017 年 4 月至 2018 年 3 月）

行业代码	行业名称	SVM	GARCH	MA
801020	采掘	-0.003898329	-0.003455094	-0.003477917
801760	传媒	-0.013646644	0.010047347	-0.023158
801730	电气设备	-0.017269254	-0.004676907	-0.014892
801080	电子	-0.012424653	0.006479227	0.006127083
801180	房地产	-0.00608449	0.002843645	0.001589417
801130	纺织服装	-0.044063085	-0.003621255	-0.024733083
801790	非银金融	-0.038712456	0.004000717	0.008723083
801040	钢铁	0.008359862	0.007882659	0.015253583
801160	公用事业	-0.021125862	-0.005759161	-0.014715917
801740	国防军工	-0.078586549	-0.009824577	-0.026534417
801030	化工	-0.002282827	-0.00355636	-0.006114083

— 139 —

续表

行业代码	行业名称	SVM	GARCH	MA
801890	机械设备	−0.019647844	−0.004650426	−0.01760025
801750	计算机	0.042096889	0.000111133	−0.010447833
801110	家用电器	0.014448058	0.018875661	0.027577167
801710	建筑材料	−0.031053245	0.003677493	−0.001950833
801720	建筑装饰	−0.032429688	0.001028078	−0.013513917
801170	交通运输	−0.005257984	0.002846622	−4.23333E−05
801010	农林牧渔	−0.019721629	0.003338545	−0.015705417
801880	汽车	0.008518344	0.002579047	−0.0088805
801140	轻工制造	−0.015754808	−0.000619456	−0.01490025
801200	商业贸易	−0.042415318	0.002476544	−0.01564725
801120	食品饮料	0.021122292	0.01322137	0.03189475
801770	通信	0.005394647	0.004945604	−0.008529417
801210	休闲服务	0.003687458	−0.000535904	−0.000139167
801150	医药生物	0.021759493	−0.001302203	−0.000870667
801780	银行	0.001892209	0.004465263	0.010447667
801050	有色金属	0.073034586	0.003066255	0.005470333
801230	综合	−0.036912966	0.00105053	−0.0277265

附录C：2018年1月至2018年12月样本外BL+Network行业配置模型的表现

附表2　2018年1月至2018年12月样本外BL+Network行业配置模型的表现

投资策略	平均收益	夏普比率	增益损失比	方差
Tradition				
1/N	−0.003113	−0.0498721	0.8552338	0.003897
BL（GARCH）	0.0060249	0.1380809	1.5884171	0.001903
BL（MA）	0.0068815	0.2783335	1.9480638	0.0006112
BL（SVM）	0.0005397	0.0175298	0.840038	0.0009481

续表

投资策略	平均收益	夏普比率	增益损失比	方差
1/N+Network				
1/N-MidC	0.0059150	0.1989411	1.6676103	0.0008840
1/N-LowC	-0.005262	-0.1946878	0.570096	0.0007306
1/N-HighC	-0.0031334	-0.0848581	0.8077938	0.0013634
BL+Network				
BL（GARCH）-MidC	0.0191061	0.2780239	2.7666246	0.0047226
BL（GARCH）-LowC	-0.0032558	-0.0640929	0.6844255	0.002580
BL（GARCH）-HighC	-0.0066652	-0.1164112	0.6201528	0.0032782
BL（MA）-MidC	0.0376309	0.8388239	9.3450199	0.0020125
BL（MA）-LowC	-0.000776	-0.0212061	0.5801600	0.0013413
BL（MA）-HighC	-0.0009168	-0.0188868	0.7529441	0.0023563
BL（SVM）-MidC	0.013472	0.3285578	2.1883778	0.0016814
BL（SVM）-LowC	-0.0012449	-0.0297664	0.7215028	0.001749
BL（SVM）-HighC	-0.0048254	-0.0776514	0.6298654	0.0038616

附录 D：定理 4-1 证明过程

证明：由定义 4-2 可知：$0 \leq C_i^{ty} \leq 1$。$\forall x \in R^n$

$$x'Cx = \sum_{i=1}^{n} x_i^2 + \sum_{i,j=1, i \neq j}^{n} C_i^{ty} C_j^{ty} x_i x_j = \sum_{i=1}^{n} x_i^2 + 2 \sum_{i<j}^{n} C_i^{ty} C_j^{ty} x_i x_j$$

$$\geq \sum_{i=1}^{n} C_i^{ty2} x_i^2 + 2 \sum_{i<j}^{n} C_i^{ty} C_j^{ty} x_i x_j = (\sum_{i=1}^{n} C_i^{ty} x_i)^2 \geq 0$$

(D-1)

所以 C 为半正定矩阵。

因为 $c_{ij} = C_i^{ty} C_j^{ty} < 1$，所以 C_i^{ty} 和 C_j^{ty} 不能同时等于 1，所以 $\sum_{i=1}^{n} x_i^2 > \sum_{i=1}^{n} C_i^{ty2} x_i^2$。

至此，式（D-1）可以修改为 $x'Cx > (\sum_{i=1}^{n} C_i^{ty} x_i)^2 \geq 0$，$\forall x \neq 0$。所以 C 为正定矩阵。又因为 $s_i > 0$，$\forall i$，所以 H 也为正定矩阵。

附录 E：行业聚类系数的动态变化趋势

在分析完行业间收益率静态溢出效应后，本章以年为时间单位

◇ 金融市场行业风险传染与资产配置

分析不同类型行业聚类系数（循环型、中介型、吸收型和扩散型）的动态变化趋势，如附图1所示。受2008年国际金融危机的影响，2008年、2009年和2010年的行业聚类系数要高于2013年和2014年，尤其是2008年的聚类系数的平均值比2013年和2014年高出近5%，由此说明国际金融危机会带来行业聚类系数的增加。虽然2013年和2014年整体的聚类系数要低，但是更容易出现个别行业聚类系数过大的情况，比如纺织行业和机械设备行业，此处需要强调的是聚类系数是单个行业在整个行业系统中的关联风险，而非单个行业的特质风险。接下来，具体分析四种不同的行业聚类系数，从图1中可以看出，循环型、中介型和吸收型三种聚类系数的波动方向基本一致，但是吸收型聚类系数波动幅度较大，更为突出。根据图4-2的四种基于聚类系数的风险传染类型我们可以看出，循环型和中介型风险传染都存在一定程度的风险吸收，这也导致了这三类风险的走势一致，相关度较高。从具体行业看，传统制造业和机械设备行业的吸收型聚类系数一直处于较高位置，国际金融危机之后更加容易出现新的高点。相反，农林牧渔、采掘业、国防军工等"冷门型"行业的吸收型聚类系数较低，银行业和非银金融等非实体经济行业的吸收型聚类系数也较低。与吸收型聚类传染风险相比，

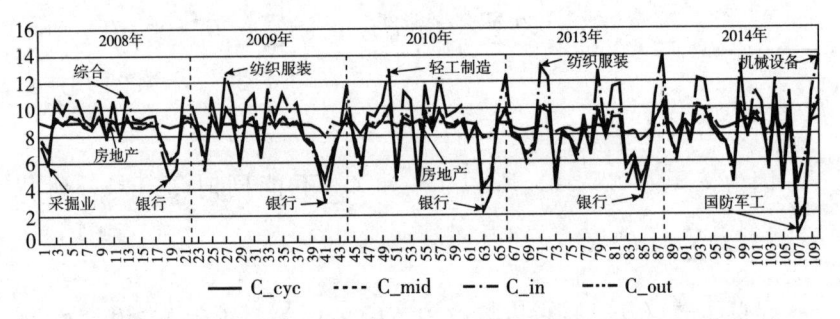

附图1　四种聚类系数（cyc, mid, in or out）的年度变化趋势

注：横轴表示行业类别，每一个年度时间窗口22个行业类别。纵轴表示四种类型聚类系数的大小。由于2011年和2012年的银行贷款收益率数据缺失5个行业，故没有计算2011年和2012年四种聚类系数值。

扩散型聚类传染风险的波动幅度较小，较为平稳，但是从2013年开始各行业的扩散型传染风险波动率逐渐变大。究其原因，国内制造业产能过剩、经济结构不合理以及地方政府高债务的现象在2013年更加突出，导致风险扩散的深度和广度都不断变大。扩散型传染风险中最高的行业是房地产行业，从2008年开始一直居高不下。中国房地产市场近年来蓬勃发展，但同时也将发展带来的风险传染到了各个行业。扩散型传染风险可以很好地衡量房地产行业的风险扩散。

附录 F：均衡策略下的结论的证明

定理 5-1 基金经理 i 在最佳努力程度下，努力的边际直接收益为0，即

$$\frac{\partial A(e_i^*; H, K)}{\partial e_i} - \frac{\partial c_{2,i}(e_i^*; H, K)}{\partial e_i} = \frac{\partial B(e_i^*; H, K)}{\partial e_i} = 0 \quad (F-1)$$

证明：因为在局部均衡策略下，$f_i^* - C^i(e_i^*, s_i; H, K) = 0$。所以，此时基金经理努力的直接收益关于努力程度的偏导数等于0。即

$$\frac{\partial B(e_i^*; H, K)}{\partial e_i} = 0$$

所以，式（F-1）成立。

定理 5-2 在基金市场行业配置聚类程度较高的情况下，均衡策略下的最优努力程度较高，当且仅当较高的行业配置聚类程度对基金生产效率的边际努力影响大于对成本的边际努力影响。即

$$e_i^*(K) \geq 0, \text{当且仅当} A_{e_i, K}(e_i^*; H, K) - c_{2e_i, K}(e_i^*; H, K) \geq 0$$

证明：因为 e_i^* 和 f_i^* 均是市场条件 H 和 K 的函数，所以

$$e_i^* = e_i^*(H, K) \quad (F-2)$$

$$f_i^* = f_i^*(H, K) \quad (F-3)$$

式（F-1）关于 K 求偏导数可得：

$$e_i^{*'}(H, K) = -\frac{A_{e_i, K}(e_i^*; H, K) - c_{2e_i, K}(e_i^*; H, K)}{A_{e_i, e_i}(e_i^*; H, K) - c_{2e_i, e_i}(e_i^*; H, K)} \quad (F-4)$$

式（F-1）关于努力程度 e_i 求偏导可得：

$$A_{e_i,e_i}(e_i^*; H, K) - c_{2e_i,e_i}(e_i^*; H, K) = B_{e_i,e_i}(e_i^*; H, K) < 0$$

(F-5)

结合式（F-4）和式（F-5）可知，当且仅当 $A_{e_i,K}(e_i^*; H, K) - c_{2e_i,K}(e_i^*; H, K) \geq 0$ 时，$e_i^*(K) \geq 0$。

定理 5-3 若 $\dfrac{dB(e_i^*; H, K)}{dK} < 0$，则均衡策略下的期望收益 α 与基金市场行业配置聚类程度呈负相关关系。基金市场行业配置聚类程度对期望收益 α 的边际效应是递减的，且与 $\dfrac{dB(e_i^*; H, K)}{dK}$ 的符号无关。

证明：

因为 $f_i^* = C^i(e_i^*, s_i; H, K)$，所以 $C^i(e_i^*, S_i; H, K) = C^j(e_j^*, S_j; H, K)$。

又因为 c_0、e_i^* 和 $C^i(e_i^*, s_i; H, K)$ 对于不同的基金而言在均衡下数值相等，故：

$$c_{1,i} s_i = c_{1,j} s_j$$

所以，$\sum\limits_{i=1}^{M} \dfrac{s_i}{s_j} = \dfrac{S}{s_j} = \sum\limits_{i=1}^{M} \dfrac{c_{1,j}}{c_{1,i}}$。

将脚标 i 和 j 互换可得：

$$\dfrac{s_i}{S} = (c_{1,i} \sum_{j=1}^{M}(c_{1,j}^{-1}))^{-1}$$

(F-6)

接下来，我们引入基金市场初始时刻期望收益的概念：

$$X(e_i^*; H, K) \triangleq a + A(e_i^*; H, K) - c_{0,i} - c_{2,i}(e_i^*; H, K) \quad \text{(F-7)}$$

由于主动型管理基金市场的存在性，我们必须有正的期望收益 α。此外，需满足基金经理的参与约束，即

$$X(e_i^*; H, K) > 0, \quad X_{e_i}(e_i^*; H, K) > 0, \quad \forall K$$

由式（5-3）和式（F-7）式可得：

$$E(\alpha_i)|_{\{e^*,f^*,\omega^*\}} = a - b\frac{S}{W} + A(e_i^*; H, K) - f_i$$

$$= a - b\frac{S}{W} + A(e_i^*; H, K) - c_{0,i} - c_{1,i}s_i - c_{2,i}(e_i^*; H, K)$$

$$= -b\frac{S}{W} - c_{1,i}s_i + X(e_i^*; H, K)$$

$$= -[b + (\sum_{j=1}^{M}(c_{1,j}^{-1}))^{-1}W](S/W) + X(e_i^*; H, K)$$

(F-8)

对期望收益 $E(\alpha_i)$ 关于基金市场行业配置聚类程度 (K) 求导可得：

$$\frac{dE(\alpha_i)}{dK}\Big|_{\{e^*,f^*,\omega^*\}} = -[b + (\sum_{j=1}^{M}(c_{1,j}^{-1}))^{-1}W]\frac{d(S/W)}{dK} + \frac{dX(e_i^*; H, K)}{dK}$$

$$= -[b + (\sum_{j=1}^{M}(c_{1,j}^{-1}))^{-1}W]\frac{d(S/W)}{dX(e_i^*; H, K)} \cdot \frac{dX(e_i^*; H, K)}{dK} + \frac{dX(e_i^*; H, K)}{dK}$$

$$= \{1 - [b + (\sum_{j=1}^{M}(c_{1,j}^{-1}))^{-1}W]\frac{d(S/W)}{dX(e_i^*; H, K)}\} \cdot \frac{dB(e_i^*; H, K)}{dK}$$

(F-9)

为了判断式（F-9）的正负情况，我们对 $\dfrac{E(r_j)}{\sqrt{Var(r_j)}}$ 关于 ω_j 求一阶导，并设置为 0，可得如下结果：

$$-\frac{u_p}{\sigma_p^2}\sigma_b^2\left(\frac{S}{W}\right)^3 - \left[\frac{u_p}{\sigma_p^2}\sigma_a^2 + \frac{u_p}{\sigma_p^2}\sigma_z^2 + b + (\sum_{i=1}^{M}c_{1,i}^{-1})^{-1}W\right]\frac{S}{W} + X(e_i^*; H, K) = 0$$

(F-10)

式（5-24）关于 $X(e_i^*; K)$ 求导可得：

$$\frac{d(S/W)}{dX} = \left\{ \frac{u_p}{\sigma_p^2} \left[3\sigma_b^2 \left(\frac{S}{W}\right)^2 + \sigma_a^2 + \sigma_z^2 \right] + b + \left(\sum_{i=1}^{M} c_{1,i}^{-1} \right)^{-1} W \right\}^{-1} \quad (F-11)$$

由式（F-11）可知：

$$1 - \left[b + \left(\sum_{j=1}^{M} (c_{1,j}^{-1}) \right)^{-1} W \right] \frac{d(S/W)}{dX(e_i^*; H, K)} =$$

$$\frac{\dfrac{u_p}{\sigma_p^2} \left[3\sigma_b^2 \left(\dfrac{S}{W}\right)^2 + \sigma_a^2 + \sigma_z^2 \right]}{\dfrac{u_p}{\sigma_p^2} \left[3\sigma_b^2 \left(\dfrac{S}{W}\right)^2 + \sigma_a^2 + \sigma_z^2 \right] + b + \left(\sum_{i=1}^{M} c_{1,i}^{-1} \right)^{-1} W} > 0$$

所以，$\dfrac{dE(\alpha_i)}{dK}$ 的符号由 $\dfrac{dB(e_i^*; H, K)}{dK}$ 决定。若基金经理的直接收益关于基金市场聚类程度是负相关的，那么基金经理的期望超额收益关于基金市场聚类程度指标也是负相关的。

接下来，我们求 $E(\alpha_i)$ 关于 K 的二阶导数。

$$\frac{d^2 E(\alpha_i)}{dK^2}\bigg|_{|e^*,f^*,\omega^*|} = \frac{d^2 B(IC_i^*; H, K)}{dK^2} \left\{ 1 - \left[b + \left(\sum_{j=1}^{M} (c_{1,j}^{-1}) \right)^{-1} W \right] \right.$$

$$\left. \frac{d(S/W)}{dX(e_i^*; H, K)} \right\} + \left[b + \left(\sum_{j=1}^{M} (c_{1,j}^{-1}) \right)^{-1} W \right]$$

$$\frac{d^2(S/W)}{dX^2(e_i^*; H, K)} \cdot \frac{dX(e_i^*; H, K)}{dk} \cdot \frac{dB(e_i^*; H, K)}{dk}$$

$$= \frac{d^2 B(e_i^*; H, K)}{dK^2} \left\{ 1 - \left[b + \left(\sum_{j=1}^{M} (c_{1,j}^{-1}) \right)^{-1} W \right] \right.$$

$$\left. \frac{d(S/W)}{dX(e_i^*; H, K)} \right\} + \left[b + \left(\sum_{j=1}^{M} (c_{1,j}^{-1}) \right)^{-1} W \right]$$

$$\frac{[A_K(e_i^*; H, K) - c_{2H}(e_i^*; H, K)]^2}{\dfrac{d^2(S/W)}{dX^2(e_i^*; H, K)}} \quad (F-12)$$

因为 $\dfrac{d(S/W)}{dX} > 0$，$1 - \left[b + \left(\sum_{j=1}^{M} (c_{1,j}^{-1}) \right)^{-1} W \right] > 0$，$\left[b + \right.$

$(\sum_{j=1}^{M}(c_{1,j}^{-1}))^{-1}W]>0$, $\dfrac{d^2(S/W)}{dX^2}<0$, $\dfrac{d^2B(e_i^*;H,K)}{dK^2}<0$。

所以，$\dfrac{d^2E(\alpha_i)}{dK^2}\Big|_{\{e^*,f^*,\omega^*\}}<0$。

定理 5-4 基金经理的越努力，均衡策略下的期望收益 α 越高，且基金经理的努力程度对期望收益 α 的边际效应是递减的。

证明：将式（F-8）关于基金经理努力程度 e_i 求导可得：

$$\dfrac{dE(\alpha_i)}{de_i}\Big|_{\{e^*,f^*,\omega^*\}}=-[b+(\sum_{j=1}^{M}(c_{1,j}^{-1}))^{-1}W]\dfrac{d(S/W)}{de_i}+$$

$$\dfrac{dX(e_i^*;H,K)}{de_i}$$

$$=-[b+(\sum_{j=1}^{M}(c_{1,j}^{-1}))^{-1}W]\dfrac{d(S/W)}{dX(e_i^*;H,K)}\cdot$$

$$\dfrac{dX(e_i^*;H,K)}{de_i}+\dfrac{dX(e_i^*;H,K)}{de_i}$$

$$=\{1-[b+(\sum_{j=1}^{M}(c_{1,j}^{-1}))^{-1}W]\dfrac{d(S/W)}{dX(e_i^*;H,K)}\}$$

$$\dfrac{dX(e_i^*;H,K)}{de_i}>0 \qquad (F-13)$$

$$\dfrac{d^2E(\alpha_i)}{de_i^2}\Big|_{\{e^*,f^*,\omega^*\}}=\{1-[b+(\sum_{j=1}^{M}(c_{1,j}^{-1}))^{-1}W]\dfrac{d(S/W)}{dX(e_i^*;H,K)}\}$$

$$\dfrac{d^2X(e_i^*;H,K)}{de_i^2}-[b+(\sum_{j=1}^{M}(c_{1,j}^{-1}))^{-1}W]$$

$$\dfrac{dX(e_i^*;H,K)}{de_i}\dfrac{d^2(S/W)}{dX^2(e_i^*;H,K)}\dfrac{dX(e_i^*;H,K)}{de_i}<0$$

$$(F-14)$$

参考文献

巴曙松、金玲玲：《巴塞尔资本协议Ⅲ的实施——基于金融结构的视角》，中国人民大学出版社 2014 年版。

鲍勤、孙艳霞：《网络视角下的金融结构与金融风险传染》，《系统工程理论与实践》2014 年第 9 期。

陈暮紫等：《中国 A 股市场行业板块间领滞关系的动态变化实证研究》，《系统工程理论与实践》2009 年第 6 期。

范龙振、王海涛：《中国股票市场行业与地区效应分析》，《管理工程学报》2004 年第 1 期。

葛允康、孙英隽：《对商业银行信贷风险成因的定量分析——基于模糊层次分析法》，《科技与管理》2014 年第 1 期。

宫晓莉、熊熊：《波动溢出网络视角的金融风险传染研究》，《金融研究》2020 年第 5 期。

郭春松等：《基金家族的业绩关联与溢出效应——基于共同技能效应与共同噪声效应的实证研究》，《金融研究》2015 年第 5 期。

韩立岩等：《基于股市行业市盈率的资本配置评价研究》，《管理世界》2003 年第 1 期。

郝丽萍等：《商业银行信贷风险分析的人工神经网络模型研究》，《系统工程理论与实践》2001 年第 5 期。

何伊等：《系统性金融风险溢出效应研究》，中国人民银行工作论文，2020 年。

胡振华等：《基于互信息的深证股票复杂网络拓扑性质分析》，《统计与决策》2016 年第 20 期。

黄乃静等：《中国股票市场行业间金融传染检验和风险防范》，《管理科学学报》2017年第12期。

黄宪等：《资本充足率监管下银行信贷风险偏好与选择分析》，《金融研究》2005年第7期。

孔东民等：《投资组合的行业集中度与基金业绩研究》，《管理评论》2010年第4期。

孔高文等：《基金持股的创新偏好与基金业绩研究》，《管理科学学报》2019年第12期。

李华姣等：《基于节点拓扑特征的中国基金公司共持网络持股行为波动相关性》，《物理学报》2014年第4期。

李青原等：《金融发展与地区实体经济资本配置效率——来自省级工业行业数据的证据》，《经济学（季刊）》2013年第2期。

李卫东等：《结构调整、贷款集中度与价值投资：我国商业银行信贷投向政策实证研究》，《管理世界》2010年第10期。

李政等：《我国上市金融机构关联性研究——基于网络分析法》，《金融研究》2016年第8期。

刘建桥：《公募FOF中常用量化方法及相关模型的实证研究》，硕士学位论文，山东大学，2017年。

刘莎莎等：《信息优势、风险调整与基金业绩》，《管理世界》2013年第8期。

陆蓉等：《基金业绩与投资者的选择——中国开放式基金赎回异常现象的研究》，《经济研究》2007年第6期。

罗荣华等：《基金的主动性管理提升了业绩吗？》，《金融研究》2011年第10期。

罗荣华等：《"和而不群"还是"卓尔不群"？——基于基金网络信息使用的视角》，《金融研究》2020年第8期。

孟庆斌等：《基金经理职业忧虑与其投资风格》，《经济研究》2015年第3期。

欧阳红兵、刘晓东：《中国金融机构的系统重要性及系统性风险传染机制分析——基于复杂网络的视角》,《中国管理科学》2015年第10期。

潘红波、余明桂:《集团化、银行贷款与资金配置效率》,《金融研究》2010年第10期。

潘敏等:《银行信贷的行业产出与溢出效应》,《投资研究》2011年第8期。

彭艳、张维:《我国股票市场的分板块投资策略及其应用》,《数量经济技术经济研究》2003年第12期。

乔少杰等:《大规模复杂网络社区并行发现算法》,《计算机学报》2017年第3期。

申宇等:《校友关系网络、基金投资业绩与"小圈子"效应》,《经济学(季刊)》2016年第1期。

盛丹、王永进:《产业集聚、信贷资源配置效率与企业的融资成本——来自世界银行调查数据和中国工业企业数据的证据》,《管理世界》2013年第6期。

隋聪、王宗尧:《银行间网络的无标度特征》,《管理科学学报》2015年第12期。

孙玺菁、司守奎:《复杂网络算法与应用》,国防工业出版社2015年版。

王连军:《金融危机背景下政府干预与银行信贷风险研究》,《财经研究》2011年第5版。

王宁宁等:《基于辐射模型的城市信息空间关联复杂网络研究》,《经济地理》2015年第4期。

魏震波、苟竞:《复杂网络理论在电网分析中的应用与探讨》,《电网技术》2015年第1期。

肖琴:《复杂网络在股票市场相关分析中的应用》,《中国管理科学》2016年第S1期。

辛兵海等:《异质性条件、资产价格和银行信贷》,《国际金融研究》2015年第9期。

熊胜君、杨朝军：《沪深股票市场行业效应与投资风格效应的实证研究》，《系统工程理论与实践》2006年第4期。

徐飞：《银行信贷与企业创新困境》，《中国工业经济》2019年第1期。

徐信忠等：《行业配置的羊群现象——中国开放式基金的实证研究》，《金融研究》2011年第4期。

许天骆、王亭熙：《博弈论域下商业银行信贷的风险控制》，《统计与决策》2012年第12期。

杨成、袁军：《我国证券市场行业间收益率的极值联动效应实证研究》，《管理工程学报》2011年第1期。

杨海军、胡敏文：《基于核心—边缘网络的中国银行风险传染》，《管理科学学报》2017年第10期。

杨子晖等：《重大突发公共事件下的宏观经济冲击、金融风险传导与治理应对》，《管理世界》2020年第5期。

杨子晖、周颖刚：《全球系统性金融风险溢出与外部冲击》，《中国社会科学》2018年第12期。

尹力博、韩立岩：《国际大宗商品资产行业配置研究》，《系统工程理论与实践》2014年第3期。

尹群耀等：《基于STSA的中国股市的聚集效应研究——以上证50指数为例》，《系统工程》2013年第1期。

张来军等：《基于复杂网络理论的股票指标关联性实证分析》，《中国管理科学》2014年第12期。

张维等：《基于复杂金融系统视角的计算实验金融：进展与展望》，《管理科学学报》2013年第6期。

张卫国、刘伊生：《商业银行信贷风险控制要素研究》，《技术经济》2008年第12期。

赵秀娟、汪寿阳：《基金经理在多大程度上影响了基金业绩？——业绩与个人特征的实证检验》，《管理评论》2010年第1期。

◇ 金融市场行业风险传染与资产配置

中国人民银行营业管理部课题组:《北京市金融机构信贷资金配置效率研究——对26个主要行业贷款情况的实证分析》,《金融研究》2005年第2期。

钟韬、彭勤科:《基于社会网络分析的投资组合优选方法》,《系统工程理论与实践》2015年第12期。

周永圣等:《绿色信贷视角下建立绿色供应链的博弈研究》,《管理科学学报》2017年第12期。

周正峰:《基于集成方法和风险平价的FOF投资实证研究》,硕士学位论文,南京大学,2018年。

庄新田、黄小原:《金融网络下投资组合风险及最优规模研究》,《管理科学学报》2004年第3期。

Acharya V. V., et al., "Should Banks be Diversified? Evidence from Individual Bank Loan Portfolios", *Journal of Business*, 2006, 79 (3): 1355-1412.

Adzobu L. D., et al., "The Effect of Loan Portfolio Diversification on Banks' Risks and Return: Evidence from an Emerging Market", *Managerial Finance*, 2017, 43 (11): 1274-1291.

Akter R., Roy J. K., "The Impacts of Non-performing Loan on Profitability: An Empirical Study on Banking Sector of Dhaka Stock Exchange", *International Journal of Economics and Finance*, 2017, 9 (3): 126-132.

Allen F., Gale D., "Financial Contagion", *Journal of Political Economy*, 2000, 108 (1): 1-33.

Alvin C. M. L., et al., "Network Analysis of Search Dynamics: The Case of Stock Habitats", *Management Science*, 2017, 63 (8): 2667-2687.

Amihud Y., Goyenko R., "Mutual Fund's R2 as Predictor of Performance", *The Review of Financial Studies*, 2013, 26 (3): 667-694.

Ammann M., Verhofen M., "Tactical Industry Allocation and Model

Uncertainty", *Financial Review*, 2008, 43 (2): 273-302.

Bahmani-Oskooee M., et al., "Asymmetric Causality between Stock Returns and Usual Hedges: An Industry-level Analysis", *The Journal of Economic Asymmetries*, 2020, 21: e00160.

Barabási A. L., Albert R., "Emergence of Scaling in Random Networks", *Science*, 1999, 286 (5439): 509-512.

Barigozzi M., Brownlees C., "Nets: Network Estimation for Time Series", *Journal of Applied Econometrics*, 2019, 34 (3): 347-364.

Beller K. R., et al., "Are Industry Stock Returns Predictable?", *Financial Analysts Journal*, 1998, 54 (5): 42-57.

Berger A. N., et al., "The Effects of Focus Versus Diversification on Bank Performance: Evidence from Chinese Banks", *Journal of Banking and Finance*, 2010, 34 (7): 1417-1435.

Berk J. B., Van Binsbergen J. H., "Measuring Skill in the Mutual Fund Industry", *Journal of Financial Economics*, 2015, 118 (1): 1-20.

Berk J B., Green R. C., "Mutual Fund Flows and Performance in Rational Markets", *Journal of Political Economy*, 2004, 112 (6): 1269-1295.

Bernanke B. S., Kuttner K. N., "What Explains the Stock Market's Reaction to Federal Reserve Policy?", *The Journal of Finance*, 2005, 60 (3): 1221-1257.

Billio M., et al., "Econometric Measures of Connectedness and Systemic Risk in the Finance and Insurance Sectors", *Journal of Financial Economics*, 2012, 104 (3): 535-559.

Black F., Litterman R., "Global Portfolio Optimization", *Financial Analysts Journal*, 1992: 28-43.

Brands S., Gallagher D. R., "Portfolio Selection, Diversification and Fund-of-Funds: A Note", *Accounting and Finance*, 2005, 45

(2): 185-197.

Busse J. A., Tong Q., "Mutual Fund Industry Selection and Persistence", *The Review of Asset Pricing Studies*, 2012, 2 (2): 245-274.

Campa J. M., Fernandes N., "Sources of Gains from International Portfolio Diversification", *Journal of Empirical Finance*, 2006, 13 (4-5): 417-443.

Cao H., et al., "Stock Price Pattern Prediction Based on Complex Network and Machine Learning", *Complexity*, 2019: 4132485.

Cavaglia S. M. F. G., et al., "Risks of Sector Rotation Strategies", *The Journal of Portfolio Management*, 2001, 27 (4): 35-44.

Cavaglia S., et al., "The Increasing Importance of Industry Factors", *Financial Analysts Journal*, 2000, 56 (5): 41-54.

Cavaglia S., Moroz V., "Cross-Industry, Cross-Country Allocation", *Financial Analysts Journal*, 2002, 58 (6): 78-97.

Cerqueti R., Lupi C., "Risk Measures on Networks and Expected Utility", *Reliability Engineering and System Safety*, 2016, 155: 1-8.

Chan L. K. C., et al., "Momentum Strategies", *The Journal of Finance*, 1996, 51 (5): 1681-1713.

Chen P., et al., "Fund of Funds, Portable Alpha, and Portfolio Optimization", *The Journal of Portfolio Management*, 2009, 35 (3): 79-92.

Cheung W., et al., "Global Capital Market Interdependence and Spillover Effect of Credit Risk: Evidence from the 2007-2009 Global Financial Crisis", *Applied Financial Economics*, 2010, 20 (1-2): 85-103.

Chiu W. C., et al., "Industry Characteristics and Financial Risk Contagion", *Journal of Banking and Finance*, 2015, 50: 411-427.

Cho Y. J., "The Effect of Financial Liberalization on the Efficiency of Credit allocation: Some Evidence from Korea", *Journal of Development*

Economics, 1988, 29 (1): 101-110.

Choi N., Sias R. W., "Institutional Industry Herding", *Journal of Financial Economics*, 2009, 94 (3): 469-491.

Claessens S., Laeven L., What Drives Bank Competition? Some International Evidence, *Journal of Money, Credit and Banking*, 2004: 563-583.

Clemente G. P., et al., "Asset Allocation: New Evidence through Network Approaches", *Annals of Operations Research*, 2019: 1-20.

Cohen L., et al., "Sell-Side School Ties", *The Journal of Finance*, 2010, 65 (4): 1409-1437.

Cohen L., Frazzini A., Malloy C., "The Small World of Investing: Board Connections and Mutual Fund Returns", *Journal of Political Economy*, 2008, 116 (5): 951-979.

Cong L. W., et al., "Credit Allocation under Economic Stimulus: Evidence from China", *The Review of Financial Studies*, 2019, 32 (9): 3412-3460.

Conlon T., et al., "Random Matrix Theory and Fund of Funds Portfolio Optimization", *Physica A: Statistical Mechanics and Its Applications*, 2007, 382 (2): 565-576.

Conover C. M., et al., "Sector Rotation and Monetary Conditions", *The Journal of Investing*, 2008, 17 (1): 34-46.

Cremers K. J. M., et al., "Takeover Defenses and Competition: The Role of Stakeholders", *Journal of Empirical Legal Studies*, 2008, 5 (4): 791-818.

De Bondt W. F. M., Thaler R. H., "Further Evidence on Investor Overreaction and Stock Market Seasonality", *The Journal of Finance*, 1987, 42 (3): 557-581.

De Bondt W. F. M., Thaler R., "Does the Stock Market Overreact?", *The Journal of Finance*, 1985, 40 (3): 793-805.

De Miguel V. , et al. , "Optimal versus Naive Diversification: How Inefficient is the 1/N Portfolio Strategy", *Review of Financial Studies*, 2009, 22 (5): 1915-1953.

Dell'Ariccia G. , Marquez R. , "Information and Bank Credit Allocation", *Journal of Financial Economics*, 2004, 72 (1): 185-214.

Demirer R. , Zhang H. , "Industry Herding and the Profitability of Momentum Strategies during Market Crises", *Journal of Behavioral Finance*, 2019, 20 (2): 195-212.

Diebold F. X. , Yilmaz K. , "On the Network Topology of Variance Decompositions: Measuring the Connectedness of Financial Firms", *Journal of Econometrics*, 2011, 182 (1): 119-134.

Eleswarapu V. R. , Tiwari A. , "Business Cycles and Stock Market Returns: Evidence Using Industry-based Portfolios", *Journal of Financial Research*, 1996, 19 (1): 121-134.

Ewing B. T. , "The Transmission of Shocks among S&P Indexes", *Applied Financial Economics*, 2002, 12 (4): 285-290.

Fagiolo G. , "Clustering in Complex Directed Networks", *Physical Review E*, 2007, 76 (2): 026107.

Fama E. F. , Macbeth J. D. , "Risk, Return, and Equilibrium: Some Empirical Tests", *Journal of Political Economy*, 1973, 81 (3): 607-636.

Feldman D. , et al. , "Is the Active Fund Management Industry Concentrated Enough?", *Journal of Financial Economics*, 2020, 136 (1): 23-43.

Filbeck G. , et al. , "Supply Chain Finance and Financial Contagion from Disruptions: Evidence from the Automobile Industry", *International Journal of Physical Distribution and Logistics Management*, 2016, 46 (4): 1-35.

Firth M. , et al. , "Inside the Black Box: Bank Credit Allocation in

China's Private Sector", *Journal of Banking and Finance*, 2009, 33 (6): 1144-1155.

Forbes W., et al., "Using Analysts' Earnings Forecasts for Country Industry-Based Asset Allocation", *Managerial Finance*, 2006, 32 (4): 317-336.

Gandy A., Veraart L. A. M., "A Bayesian Methodology for Systemic Risk Assessment in Financial Networks", *Management Science*, 2017, 63 (12): 4428-4446.

Gao Z. K., Jin N. D., "A Directed Weighted Complex Network for Characterizing Chaotic Dynamics from Time Series", *Nonlinear Analysis: Real World Applications*, 2012, 13 (2): 947-952.

Gao Z. K., et al., "Multi-Frequency Complex Network from Time Series for Uncovering Oil-Water Flow Structure", *Scientific Reports*, 2015, 5 (1): 1-7.

Gavriilidis K., et al., "Institutional Industry Herding: Intentional or Spurious?", *Journal of International Financial Markets, Institutions and Money*, 2013, 26: 192-214.

Girvan M., Newman M. E. J., "Community Structure in Social and Biological Networks", *Proceedings of the National Academy of Sciences*, 2002, 99 (12): 7821-7826.

Glasserman P., Young H. P., "How Likely is Contagion in Financial Networks?", *Journal of Banking and Finance*, 2015, 50: 383-399.

Gokhale S., et al., "Factor and Industry Allocation Using Markov-Switching Model", Available at SSRN: 3359464, 2019.

Grønborg N. S., et al., "Picking Funds with Confidence", *Journal of Financial Economics*, 2021, 139 (1): 1-28.

Guercio D. D., Reuter J., "Mutual Fund Performance and the Incentive to Generate Alpha", *The Journal of Finance*, 2014, 69 (4): 1673-1704.

He Z. L. , Kryzanowski L. , "Dynamic Betas for Canadian Sector Portfolios", *International Review of Financial Analysis*, 2008, 17 (5): 1110-1122.

Heston S. L. , Rouwenhorst K. G. , "Does Industrial Structure Explain the Benefits of International Diversification?", *Journal of Financial Economics*, 1994, 36 (1): 3-27.

Hoberg G. , et al. , "Mutual Fund Competition, Managerial Skill, and Alpha Persistence", *The Review of Financial Studies*, 2018, 31 (5): 1896-1929.

Hong H. , et al. , "Do Industries Lead Stock Markets?", *Journal of Financial Economics*, 2007, 83 (2): 367-396.

Hou K. , Robinson D. T. , "Industry Concentration and Average Stock Returns", *The Journal of Finance*, 2006, 61 (4): 1927-1956.

Huang S. , et al. , *Analyzing the Hong Kong Stock Market Structure: A Complex Network Approach*, Social Science Electronic Publishing, 2015.

Ic Y. T. , "Development of a Credit Limit Allocation Model for Banks Using an Integrated Fuzzy TOPSIS and Linear Programming", *Expert Systems with Applications*, 2012, 39 (5): 5309-5316.

Idzorek T. , "A Step-by-Step Guide to the Black-Litterman Model: Incorporating User-Specified Confidence Levels", *Forecasting Expected Returns in the Financial Markets*, 2007: 17-38.

Ishikawa M. , et al. , "A Multi-Objective Industry Allocation Model", *IFAC Proceedings Volumes*, 1977, 10 (8): 169-175.

Jacques K. T. , "Capital Shocks, Bank Asset Allocation, and the Revised Basel Accord", *Review of Financial Economics*, 2008, 17 (2): 79-91.

Jegadeesh N. , Titman S. , "Profitability of Momentum Strategies: An Evaluation of Alternative Explanations", *The Journal of Finance*, 2001, 56 (2): 699-720.

Jegadeesh N. , Titman S. , "Returns to Buying Winners and Selling Losers: Implications for Stock Market Efficiency", *The Journal of Finance*, 1993, 48 (1): 65-91.

Jones C. M. , Lamont O. A. , "Short-Sale Constraints and Stock Returns", *Journal of Financial Economics*, 2002, 66 (2-3): 207-239.

Kacperczyk M. , Seru A. , "Fund Manager Use of Public Information: New Evidence on Managerial Skills", *The Journal of Finance*, 2007, 62 (2): 485-528.

Kacperczyk M. , et al. , "On the Industry Concentration of Actively Managed Equity Mutual Funds", *The Journal of Finance*, 2005, 60 (4): 1983-2011.

Kacperczyk M. , et al. , "Unobserved Actions of Mutual Funds", *The Review of Financial Studies*, 2008, 21 (6): 2379-2416.

Kaushik A. , et al. , "Performance Evaluation and Fund Selection Criteria for Mutual Funds over the Period 2000-2011", *Accounting and Finance Research*, 2013, 2 (3): 111-118.

Kavussanos M. G. , et al. , "Macroeconomic Factors and International Industry Returns", *Applied Financial Economics*, 2002, 12 (12): 923-931.

Kavussanos M. G. , Marcoulis S. N. , "The Stock Market Perception of Industry Risk and Microeconomic Factors: The Case of the US Water Transportation Industry versus Other Transport Industries", *Transportation Research Part E: Logistics and Transportation Review*, 1997, 33 (2): 147-158.

Keating C. , Shadwick W. F. , "A Universal Performance Measure", *Journal of Performance Measurement*, 2002, 6 (3): 59-84.

King B. F. , "Market and Industry Factors in Stock Price Behavior", *Journal of Business*, 1966, 39: 139-190.

Laux P. , et al. , "The Relative Importance of Competition and Contagion in Intra-Industry Information Transfers: An Investigation of Dividend Announcements", *Financial Management*, 1998: 5-16.

Lee C. C. , et al. , "Industry Herding and Market States: Evidence from Chinese Stock Markets", *Quantitative Finance*, 2013, 13 (7): 1091-1113.

Levy A. , Livingston M. , "The Gains from Diversification Reconsidered: Transaction Costs and Superior Information", *Financial Markets, Institutions, and Instruments*, 1995, 4 (3): 1-60.

Li D. , Ng W. L. , "Optimal Dynamic Portfolio Selection: Multi-Period Mean-Variance Formulation", *Mathematical Finance*, 2000, 10 (3): 387-406.

Li H. , et al. , "Global Energy Investment Structure from the Energy Stock Market Perspective Based on a Heterogeneous Complex Network Model", *Applied Energy*, 2017, 194: 648-657.

Li Z. , et al. , "The Impact of COVID-19 on Industry-Related Characteristics and Risk Contagion", *Finance Research Letters*, 2021: 101931.

Ma J. L. , et al. , "Joint Effects of the Liability Network and Portfolio Overlapping on Systemic Financial Risk: Contagion and Rescue", *Quantitative Finance*, 2020: 1-18.

Mandere E. O. , "Financial Networks and Their Applications to the Stock Market", Bowling Green State University, 2009.

Mansourfar G. , et al. , "International Portfolio Diversification at Industry Level within South-East Asian Stock Markets", *Iranian Journal of Management Studies*, 2017, 10 (1): 91-112.

Mantegna R. N. , "Hierarchical Structure in Financial Markets", *The European Physical Journal B*, 1999, 11 (1): 193-196.

Marwan N. , et al. , "Complex Network Approach for Recurrence

Analysis of Time Series", *Physics Letters A*, 2009, 373 (46): 4246-4254.

Massa M., Patgiri R., "Incentives and Mutual Fund Performance: Higher Performance or Just Higher Risk Taking?", *The Review of Financial Studies*, 2009, 22 (5): 1777-1815.

Merton R. C., "On Estimating the Expected Return on the Market: An Exploratory Investigation", *Journal of Financial Economics*, 1980, 8 (4): 323-361.

Metawa N., et al., "Genetic Algorithm-Based Model for Optimizing Bank Lending Decisions", *Expert Systems with Applications*, 2017, 80: 75-82.

Meyers S. L., "A Re-Examination of Market and Industry Factors in Stock Price Behavior", *The Journal of Finance*, 1973, 28 (3): 695-705.

Miyaura N., "Cross-Coupling Reactions: A Practical Guide", *Berlin: Springer*, 2002.

Moskowitz T. J., Grinblatt M., "Do Industries Explain Momentum?", *The Journal of Finance*, 1999, 54 (4): 1249-1290.

Nanda V., et al., "Family Values and the Star Phenomenon: Strategies of Mutual Fund Families", *The Review of Financial Studies*, 2004, 17 (3): 667-698.

Newman M. E. J., "The Mathematics of Networks", *The New Palgrave Encyclopedia of Economics*, 2008, 2: 1-12.

O'Neal E. S., "Industry Momentum and Sector Mutual Funds", *Financial Analysts Journal*, 2000, 56 (4): 37-49.

Pastor L., et al., "Do Funds Make More When They Trade More?", *The Journal of Finance*, 2017, 72 (4): 1483-1528.

Pastor L., et al., "Fund Tradeoffs", *Journal of Financial Economics*, 2020, 138 (3): 614-634.

Pastor L., et al., "Scale and Skill in Active Management", *Journal of Financial Economics*, 2015, 116 (1): 23-45.

Pastor L., Stambaugh R. F., "On the Size of the Active Management Industry", *Journal of Political Economy*, 2012, 120 (4): 740-781.

Pedersen L. H., et al., "Enhanced Portfolio Optimization", *Financial Analysts Journal*, 2021: 1854543.

Peralta G., Zareei A., "A Network Approach to Portfolio Selection", *Journal of Empirical Finance*, 2016, 38: 157-180.

Peralta G., *Network-Based Measures as Leading Indicators of Market Instability: The Case of the Spanish Stock Market*, Social Science Electronic Publishing, 2015.

Pesaran H. H., Shin Y., "Generalized Impulse Response Analysis in Linear Multivariate Models", *Economics Letters*, 1998, 58 (1): 17-29.

Pozzi F., et al., "Spread of Risk Across Financial Markets: Better to Invest in the Peripheries", *Scientific Reports*, 2013, 3 (1): 1-7.

Puerto J., et al., "Clustering and Portfolio Selection Problems: A Unified Framework", *Computers and Operations Research*, 2020, 117: 104891.

Reilly F. K., Drzycimski E F, "Alternative Industry Performance and Risk", *Journal of Financial and Quantitative Analysis*, 1974: 423-446.

Roll R., "Industrial Structure and the Comparative Behavior of International Stock Market Indices", *Journal of Finance*, 1992, 47: 3-42.

Rossi A. G., et al., "Network Centrality and Delegated Investment Performance", *Journal of Financial Economics*, 2018, 128 (1): 183-206.

Rossi A. G., et al., "Network Centrality and Pension Fund Performance", *CFR Working Paper*, 2015.

参考文献

Rossi S. P. S. , et al. , "How Loan Portfolio Diversification Affects Risk, Efficiency and Capitalization: A Managerial Behavior Model for Austrian Banks", *Journal of Banking and Finance*, 2009, 33 (12): 2218-2226.

Schwaab B. , et al. , "Global Credit Risk: World, Country and Industry Factors", *Journal of Applied Econometrics*, 2017, 32 (2): 296-317.

Shahzad S. J. H. , et al. , "Interdependence and Contagion among Industry-Level US Credit Markets: An Application of Wavelet and VMD Based Copula Approaches", *Physica A: Statistical Mechanics and Its Applications*, 2017, 466: 310-324.

Simper R. , et al. , "European Bank Loan Loss Provisioning and Efficient Technological Innovative Progress", *Journal of Banking and Finance*, 2019, 63 (5): 119-130.

Sorensen E. H. , Burke T. , "Portfolio Returns from Active Industry Group Rotation", *Financial Analysts Journal*, 1986, 42 (5): 43-50.

Tabak B. M. , et al. , "The Effects of Loan Portfolio Concentration on Brazilian Banks' Return and Risk", *Journal of Banking and Finance*, 2011, 35 (11): 3065-3076.

Umutlu M. , Bengitöz P. , "The Cross-Section of Industry Equity Returns and Global Tactical Asset Allocation across Regions and Industries", *International Review of Financial Analysis*, 2020, 72: 101574.

Watts D. J. , Strogatz S. H. , "Collective Dynamics of Small-World-Networks", *Nature*, 1998, 393 (6684): 440-442.

Wurgler J. , "Financial Markets and the Allocation of Capital", *Journal of Financial Economics*, 2001, 58 (1): 187-214.

Yang C. , et al. , "Study on the Contagion among American Industries", *Physica A: Statistical Mechanics and Its Applications*, 2016, 444: 601-612.

Yang Y., Yang H., "Complex Network-Based Time Series Analysis", *Physica A: Statistical Mechanics and Its Applications*, 2008, 387 (5-6): 1381-1386.

Yao H., et al., "Multi-period Mean-Variance Portfolio Selection with Stochastic Interest Rate and Uncontrollable Liability", *European Journal of Operational Research*, 2016, 252 (3): 837-851.

Young S., Marais M., "A Multi-Level Perspective of CSR Reporting: The Implications of National Institutions and Industry Risk Characteristics", *Corporate Governance: An International Review*, 2012, 20 (5): 432-450.

Zareei A., "Network Origins of Portfolio Risk", *Journal of Banking and Finance*, 2019, 109: 105663.

Zhang J., Small M., "Complex Network from Pseudo Periodic Time Series: Topology versus Dynamics", *Physical Review Letters*, 2006, 96 (23): 238701.

Zhang X., et al., "A Novel Clustering Method on Time Series Data", *Expert Systems with Applications*, 2011, 38 (9): 11891-11900.

Zhou X. Y., Li D., "Continuous-Time Mean-Variance Portfolio Selection: A Stochastic LQ Framework", *Applied Mathematics and Optimization*, 2000, 42 (1): 19-33.

Zou Y., et al., "Complex Network Approaches to Nonlinear Time Series Analysis", *Physics Reports*, 2019, 787: 1-97.